译文经典

公共哲学
The Public Philosophy

Walter Lippmann

〔美〕沃尔特·李普曼 著

任晓 译

上海译文出版社

目 录

第一部 西方的衰落

第一章 朦胧的革命 …… 003
  1. 我写本书的原因 …… 003
  2. 1917：革命之年 …… 006
  3. 民主国家的内部革命 …… 009
  4. 政府的瘫痪 …… 014

第二章 民主国家的弊病 …… 018
  1. 战时与平时的公众舆论 …… 018
  2. 导致错误的强制 …… 023
  3. 错误的模式 …… 024
  4. 民主的政治家 …… 029

第三章 权力的误用 …… 032
  1. 治理者与被治者 …… 032
  2. 人民和选民 …… 035
  3. 新获选举权的选民 …… 042

第四章 公共利益 …… 047
  1. 什么是公共利益？ …… 047
  2. 现实的方程式 …… 049

第五章　两种职能 ………………… 053
　　1. 民选的政府 ………………… 053
　　2. 保护行政权 ………………… 056
　　3. 选民和行政者 ……………… 058
　　4. 被削弱的行政者 …………… 061

第六章　极权主义的反革命 ……… 065
　　1. 前车之鉴 …………………… 065
　　2. 一个预测 …………………… 067

第七章　自由民主的敌人 ………… 070
　　1. 自由主义与雅各宾主义 …… 070
　　2. 革命的范式 ………………… 076
　　3. 民主教育 …………………… 081
　　4. 禁地的超越 ………………… 087

第二部　公共哲学

第八章　公共哲学的遮蔽 ………… 095
　　1. 论观念的功效 ……………… 095
　　2. 大真空 ……………………… 101
　　3. 对公共哲学的忽视 ………… 107
　　4. 理性秩序的普遍法则 ……… 111
　　5. 现时代的裂缝 ……………… 116

第九章　公共哲学的复兴 ………… 121
　　1. 信仰的能力 ………………… 121
　　2. 例证：财产理论 …………… 124
　　3. 例证：言论自由 …………… 134
　　4. 异议的限度 ………………… 142

- 5. 历史之镜 …… 146
- 6. 人的第二天性 …… 150

第十章 两大境界 …… 155
- 1. 不同境界的混淆 …… 155
- 2. 今世之善 …… 157
- 3. 法律和先知 …… 162
- 4. 精神境界 …… 166
- 5. 力量平衡 …… 169
- 6. 平衡的机制 …… 173

第十一章 文明的保卫 …… 179
- 1. 重申论题 …… 179
- 2. 公共哲学的传授 …… 181
- 3. 宪政的具体化 …… 186
- 4. 适应的语言 …… 192
- 5. 适应的限度 …… 193
- 6. 上帝之死 …… 196
- 7. 天命 …… 199

致 谢

我要再次感谢《大西洋月刊》主编爱德华·威克斯（Edward Weeks），为他在编辑过程中提出的批评，也为他对本书内容的编辑和修改提供的帮助。我只能心怀感激地说明我欠他的情，却无以为报。

我要感谢哈佛大学的麦乔治·邦迪（McGeorge Bundy）院长，他对本书稿提出了极有帮助的批评；利特尔-布朗出版公司的斯坦利·萨门（Stanley Salmen）先生，为他的保证和建议；《大西洋月刊》出版社的柯蒂斯·W. 凯特（Curtis W. Cate），为他建设性的建议；以及哲学研究所（Institute for Philosophical Research）的莫蒂默·阿德勒（Mortimer J. Adler）博士，书稿完成后征求了他的意见，他也为本书注释和某些逻辑难题提供了十分迅捷的帮助。

沃尔特·李普曼

1954年于华盛顿哥伦比亚特区

第一部

西方的衰落

第一章　朦胧的革命

1. 我写本书的原因

在致命的 1938 年夏季，我开始写一本书，力图分析我们西方社会日益增长的混乱。那时我住在巴黎，得知有一决定已经作出，即后来张伯伦和达拉第很快就前往慕尼黑了。要避免另一次世界大战，除了弃甲投降外希望渺茫，但法国和英国亦无把握能够抵挡即将到来的进攻。它们并无准备，人民一盘散沙、士气低落。美国人遥不可及，决心保持中立，也未武装。我内心预感，大西洋共同体的各国将无法应对挑战，如果它们失败了，我们将丧失我们伟大的文明传统[①]，西方人在经过几个世纪的斗争后赢得的各种自由，现在正受到逐渐高涨的野蛮浪潮的威胁。

西方自由民主国家在应对本世纪的各种现实时遭到惊人的失败,有必要弄清原委,在此驱动下,我开始动笔。书稿初成之时,法国已经陷落,时局更趋明显,不久美国也势必参战,尤其不列颠战役如果失败,美国则须单独作战。

然而此时,美国人民在心理上并无准备,正如在军事上还未做好准备一样。民主国家能否团结一致?能否动员起来加以激励,面对严峻的考验,团结一心对抗这一致命的挑战?它们有更多的资产,有更多的人员、资源和影响力。但它们是否有此见识、有坚定的纪律和作战到底的决心?尽管它们有手段,但它们有无意志,是否知道怎么做?第二次世界大战正在上一次大战的废墟和失败上形成,而没有什么东西表明西方各民主政府能掌控其各项事务并作出必要的决策。它们正在对事件作出反应但并未驾驭。它们能否避免失败和被征服,又不致精疲力竭而导致西方社会组织的破坏,

---

① Sir Ernest Barker, *Traditions of Civility* (1948). 此语出自英国诗人帕特莫尔(Coventry Patmore)。

不致遭受极度的痛苦而使民众疏离,不致采取激烈措施而无以补偿?它们已为时太晚,它们正在做莫名其妙的事情。它们拒绝接受所见之事,它们拒绝相信听闻之情,它们怀抱希望等待着,期待万分之一的希望。

对于一个在战事发生前已知世界微妙气氛的人(比如我自己)来说,要认识和说明西方自由民主国家的病态并非易事。然而正当我们毫无准备和武装地被拖入第二次世界大战时,在我看来无可否认的是,我们的社会中存在深度的失序,它并非来自我们敌人的阴谋,也并非因为人类境况中的灾祸,而是来自我们自己。我只是持这种看法的很多人之一。这群人毫不怀疑坚决抵抗是迫在眉睫的,而败退是无可挽回和无法容忍的。他们从内心里知道,经过一场大战,我们世界的民主政治和四大自由[①]安然无恙。我看到我们不是伤了而是病了,正因为我们未能给世界带来秩序与和平,我们被那些自信他们才是获选来继承我们的人所包围。

[①] The four freedoms,美国总统罗斯福在 1941 年 1 月 6 日的国情咨文中说,世界道义秩序必须包括"四大自由",即言论自由、宗教自由、免于匮乏的自由、免于恐惧的自由。——译者

2. 1917：革命之年

1941年12月，我把书稿搁置一边，知道世界正大事连连，若再回过身来写这本书，只能从头开始。战后当我确定再提笔时，当初激发我写此书的预感已可怖地应验。在各自由民主国家，已经出现了一些大错。当然，它们已经打败了敌人。它们已避免了失败和屈从。但它们未能实现和平、恢复秩序。在一代人中，它们第二次未能防止一场毁灭性的战争。它们不愿为打这场战争做好准备，而当最终付出了过高代价勉强打败了敌人时，它们又不能在胜利中实现和平。它们被绕进了"战争导致规模更大的战争"这一恶性循环中。它们病了，面对现实无能为力，无法治理它们的事务，无法保卫它们的关键利益，甚至不能确保它们作为自由和民主国家而生存。这些孰能否认？

西方的衰落是无疑的。在威尔逊宣布世界在民主政府下处于和平状态的三十年后，北大西洋各民主国家首要之务是保卫西欧和欧亚大陆边缘。它们是在不到半个世纪内走到这一步的。1900年，全世界所有人都承认西方国家的首要地位，即便他们心怀不满。它们是在人类进步中受到承认的领导者，"问题在于何时，而不在于是否"被当作格言流传；欠发达的人们学习如何使用西方技术、举行自由选举、尊重《权利法案》，并根据其政治哲学行事。直到1917年为止，在世界上任何地方，即使在俄国，新的政府模式也是英国式、法国式或美国式的自由民主。

然而，到1920年底，事情已发生了重大变化。当时布赖斯勋爵（Lord Bryce）正在完成《现代民主政体》一书，尽管他仍是以战前的方式写的，即民主在扩展、民主国家数量在十五年内增长了一倍，但他已看到了警示迹象并且困惑不已。他在序言中写道，此书也许不能"真的对年轻一代有帮助"，但他无法"压抑经验上的悲观"。他不得不说："尽管民主已经扩展开来，尽管尝试民主政治的国家无一表示要放弃，但我们没有权利像1789年的人们那样认为这是自然而然因而长期来看是不可避免的政府形式。自从冉冉升起的自由旭日迷惑了凡尔赛议会[①]的双眼以来，已经发生了很多事。民治政府还没有被证明无论在何地都能出现好政府。从前许多国家都因无法忍受明显的弊病，而以民治政体来代替君主政体或寡头政体；将来如果它们受不了新的弊病，难保哪一天会反其道而行之。这个顾虑虽说是未必的，但也不是绝对不会有的。"②

三年后，墨索里尼向罗马进军了，意大利成为"反其道而行之"的第一个较大的民主国家。回望历史我们看到，布赖斯勋爵在第一次世界大战快结束时所写的悲观主义经验之思，实际上是一个敏感而具有先见的观察者的直觉。因他太接近世局，反而没有看清，但他已经深深感觉到，民主的前路中正在发生一场根本的变化。

我现在相信，民主国家内部已在发生一场未被认识到的革命。到第一次世界大战的第三年，累积的战争损失已变得如此巨大，以致所有好战国家的制度性秩序都在重压下瓦解了。用费雷罗（Ferrero）富有启发性的说法，战争已变得过度夸张，战前的各个政府都无法再把如此没完没了的要求强

---

① 凡尔赛议会（States-General of Versailles）是指法国 1789 年革命前的立法机构，由教士、贵族和第三等级的代表组成。——译者
② James Bryce, *Modern Democracies* (1921), Vol. I, p. 42.

加于人民的忍耐和忠诚之上了。在被打败的国家里，代价是发生了推翻现存秩序的革命。罗曼诺夫、霍亨索伦、哈布斯堡王朝和奥斯曼帝国都垮台了。在胜利的国家中，制度没有被推翻，统治者没有流亡、被监禁或处决，但宪政秩序在其内部发生了微妙而激烈的变化。

3. 民主国家的内部革命

作为民主的一个尖锐批评者，亨利·梅因爵士（Sir Henry Maine）曾经在英格兰即将实行成年男子普选权的1884年写道："没有比'民主制从本质上不同于君主制'这一印象更大的错误了。"这是因为，"在一个政府履行其必要的和自然的责任时，对其表现是否成功的检验是完全相同的"。① 这些自然和必要的责任事关对外保卫和推进国家至关重要的利益以及对内的秩序、安全和偿付能力。这些责任无可避免地要求人们作出困难的决定。它们是困难的，因为治国者必

---

① Sir Henry Maine, *Popular Government* (1886), pp. 60 - 61.

须征税、征兵、命令和查禁；他们必须针对自私倾向以及简便易行和受人欢迎之事主张公共利益。如果他们要履行好责任，他们必须经常在个人感情的浪涛中逆势奋游。

统治之难在二十世纪初少为人知。在半个多世纪中，当民主在历史性地迈进时，出现了一个政府很少必须作出困难决定的显著过渡时期。自滑铁卢之战后还未出现世界大战，在美国南北战争后只发生了几次短暂的局部性战争。这是一个扩张、发展和解放的时期，数个新大陆有待殖民，一个新的工业体系有待开发。人类似乎已跨越了历史的暴风雨。政府——它们正变得日益民主、自由和人道——被免除了对付战争与和平、安全和偿付能力、宪政秩序和革命等困难问题的必要性。它们只需关注改进，让一切更多更好。生活是安全的，自由得到保证，追求个人幸福之路是敞开的。

在这一长期和平中，自由主义者对如下观念已习以为常，即在一个自由和进步的社会中，弱势政府是一件好事。在几个世代中，西方是在政府无需通过作出困难决定来证明其力量的背景下繁荣起来的。无需被粗暴地唤醒就可以梦想在不同利益的对立中，所有人都能收获最佳结果。政府通常中立即可，多数时候它可以避免对好坏和对错作出明确的判断。公共利益可等同于在选举结果、销售报告、收支报表、通货发行数字和发展统计数字中所反映出来的情况。只要和平是理所应当的，公共善（public good）可被认为是内在于私人交易的集合。统治权力无需超越各种特定利益并通过凌驾其上而使之井然有序。

正如我们现在所知，所有这些只是天气极好的某个短时间内的白日梦。随着第一次世界大战的爆发，梦醒了。然后我们知道进步时代（Age of Progress）并没有改变多样且冲突的人类境况，并没有缓解生存和支配的暴力之争。

事实上，暴力加剧并前所未有地扩大了。数十年和平时期的扩张和发展，如同格雷厄姆·华莱斯（Graham Wallas）在战争前夜指出的，已促成了"社会规模的普遍转变"。[①]这一规模转变产生了革命性的后果。从普法战争到第一次世界大战的四十年，如约翰·内夫（John U. Nef）所说，"按照物质福利来说，是历史上最为成功的年月［……］在一代

---

① Graham Wallas, *The Great Society*, Chapter I.

人多一点的时间内,世界的人口增长相当于从有人类以来到作为十七世纪科学第一人的牛顿为止的全部人口增长。根据科林·克拉克(Colin Clark)的大胆估计,从1870年到1914年,就业人口的人均实际收入提高了75％以上,而在较富裕的西欧和北美各国,工作时数大大下降"。①

由于人口、生产和武器破坏性的增长,终结了进步时代的战争,内夫说:"毫无那曾为牛顿时代特色的有限战争之特性。现在欧洲能供给庞大的军队,当战争进行时,还能予以补偿和装备。屠杀所需的经费较以前多,然而这项费用与能够征收的费用比较(凭借信用贷款的应用以及支配方法的进步),与经费及信用贷款所能购置的军火数量比较,显得为数甚少。"所有这些意味着,当战争再次爆发时,正如尼克森(Nickerson)所说,发达的国家已经"能够做出非理性的巨大牺牲直到流血的胜利者晕倒在受害者的尸体之上"。②

---

① John U. Nef, *War and Human Progress*, Chapter 18.
② "在1914—1916年的军事屠杀中,法国丧失了90万人以上,英国是这一数字的一半,德国超过了80万人〔……〕俄国动员了1 200万人。据估计至少有400万人死亡,另有250万人成为战俘或失踪,还有100万人受重伤。" Hoffman Nickerson, *The Armed Horde* (1940), pp. 292-294.

战争造成的紧张加剧了民众对虚弱政府可怖的压力。我想我们可以指向1917年,当时压力已变得如此之大,以致原先政府的制度架构都瓦解了。

紧张已经不可忍受。1917年是俄国发生两次革命的年份。这一年美国参战,随之而来的是威尔逊各项原则的宣布。对意大利来说,这一年发生了卡波雷托(Caporetto)战役。对奥匈帝国来说,这一年是弗兰西斯·约瑟夫(Francis Joseph)作为继承者结束统治的开始。对德国来说,这一年发生了"七月危机",普鲁士君主制需要倾听议会及其通过谈判达成和平的要求。法国这一年发生了兵变,而对英国来说,这一年是遭受潜艇致命攻击的危险之年。在中东欧,被折磨和激怒的民众推翻了历史性的国家和旧政权的制度。在西欧和北美,突破采取了——如果我能如此言说的话——深入和普遍渗透的形式。虽然表面改变甚少,但在背后,行政部门经由代议制议会同意的旧体制——并非在所有领域的任何地方,但都在最紧要之处——在战争与和平的高阶政策制定中瓦解了。

现存的政府已耗尽了它们的执法权(imperium)——其

约束的权威和命令的权力。通过传统的手段它们已无法继续进行夸张的战争（hyperbolic war），然而它们没有能力通过谈判达成和平，因此它们转而求诸人民。它们不得不要求更大的努力和牺牲。它们通过把战争的进行和战争的目标"民主化"来达到目的：借口追求全面胜利和允诺全面和平。

实质上，它们让渡了结束战争的战略政治条件的行政决定权，结果失去了战争的控制权。这一革命似乎是把权力让渡于代议制的议会，当这件事发生时，它被宣布为一种罪恶：许诺结束秘密外交和不民主地进行不得人心的战争。事实上，行政机关所放弃的权力经由无法行使这些权力的议会到了广大选民手里，但他们也无法行使，接着又到了政党领袖、压力集团代表和新的大众传媒巨头手里。

后果是灾难性和革命性的。民主国家变得无力为理性目标而战，无力缔造可以遵守或执行的和平。

4. 政府的瘫痪

也许，在进一步探讨之前，我应该说明我是一个自由民主主义者，无意剥夺与我一样的公民们的权利。我的希望是，在自由和民主一者摧毁另一者之前，两者都能得到保全。能不能做到这一点是我们时代的问题，全世界一半以上的地方对此是否定的或感到绝望的。有一点可以肯定，即要做到这点，我们在考察条件方面必须是不受限制的。而由于我们的条件与民主政府在战争与和平中所犯的严重错误明显有关，我们对拥有主权的人民，必须养成坦白评断的习惯，正如我们评断他们所选出的政治家一样。仅仅非难政治家，而谈到选民时却怀着畏怯心理，那是不恰当的。人民不该用神圣的方式保护起来，正如国王不该被视为神圣一样。像所有君主和统治者以及所有主权所有者一样，奉承和谄媚是对他们不忠；用奴隶式的虚伪告诉他们何谓真假、何谓对错可以由其选票决定，那是对他们的背叛。

如果我说的这些是对的，那么二十世纪在民众和政府的关系中已经发展出了一种权能上的错乱。人民已经获得了他们无法行使的权力，而他们选出的政府已经失去了它们如要治国就必须拥有的权力。那么人民权力的真正边界在哪里呢？答案不会是简单的。但作为大致的开始，且让我们说人民能够给予和收回他们同意被治的权力——他们同意政府要求的、建议的,以及在处理他们事务上所做的。他们可以选举政府,也可以撤换它。他们可以同意或不同意政府的表现,但他们不能执行政府的职务。他们不能自己来表现。他们不能如通常那样提出和建议必要的立法。群众无法统治。正如杰斐逊(Jefferson)所说,人民自己"没有资格行使行政部门之权,但他们有资格提名行使这种权力之人[……]他们没有资格立法,因而他们只选择立法者"。[1]

什么地方群众的意见支配了政府,什么地方就会发生真正权能的可怕错乱。这种错乱使统治能力削弱,濒临瘫痪边缘。宪政秩序的这种破坏是西方社会急剧和灾难性衰落的原因。如果不能得到控制和扭转,它可能带来西方的衰亡。

这种损害性倾向以及我们社会之所以易受其影响,有一个漫长和复杂的历史。然而我越是对自己亲身经历的事件,对于西方民主国家的力量、影响力和自信心的衰落来得那么险峻和突然进行思考,就越觉得可惊和具有深长意义。我们

---

[1] *Works* (Ford ed. V, pp. 103 - 104. 1892 - 1898) cited in Yves R. Simon, *Philosophy of Democratic Government* (1951), p. 169.

在短时间内已掉落很深。底下的腐蚀不管时间有多长,当第一次世界大战开始时我们仍是一个伟大、强大和繁荣的共同体。我们已看到的不光是衰败——虽然很多旧结构在分解——而且是某种可称为"历史性灾难"的东西。

第二章 民主国家的弊病

1. 战时与平时的公众舆论

1913年,就在战争爆发前夕,脑子里装着维多利亚女王和爱德华七世的哈里·约翰斯顿爵士(Sir Harry Johnston),如此描述外交事务在十九世纪的进行过程:

> 在那时,一国同其邻国或更远国家的关系几乎完全是由国家元首——皇帝、国王或总统——决定的,由多少是附属性的国务大臣来执行,他不是民众的代表,而是君主的雇员。事务均先经安排,然后公诸顺从、信任或愚蠢的人民面前。新闻界加以批评,通常是赞同,至

多是讨论一种既成事实,并设法善用之。有时,在我们自己国家,一位下野的国务活动家心怀不满,遍走各大郡市,对英国外交政策的趋势发表激烈言论——也许明智地,也许不公正地,这我们不知道——结果收效甚微。而一旦上位,他的内阁逐渐与君主和常任文官意见一致(上世纪五十年代后这些公务员的重要性日益上升);正如从前,帝国的外交政策决定于君主、两位内阁大臣、常任的外交事务副国务大臣,或者还有一位大金融家集团的代表。①

如不太咬文嚼字地看,这段话是一种恰当的描述,写出了第一次世界大战前对外事务是如何进行的。也有例外:由于克里米亚战争的低效,1855年阿伯丁政府被推翻。但总的来说,在有关走向战争,或战争的高层战略,或停火的条款,或和平条件的审议中,很少咨询由选举产生的议会,甚至他们的知情权也受到严重限制。而这一制度的原则,你会

---

① Sir Harry Johnston, "Common Sense in Foreign Policy," pp. 1-2, cited in Howard Lee McBain & Lindsay Rogers, *The New Constitutions of Europe* (1922), p. 139.

说，是出于战争与和平系行政部门的事务，其决策权不在英国下议院（House of Commons）、法国下议院（Chamber of Deputies）和德意志帝国国会（*Reichstag*），甚至也不与它们共享。

美国当然是一个特别个例。国会总是在宣战和批准条约时拥有宪法赋予的权利，可以提出意见或被咨询。但在我所谈论的当时，即第一次世界大战爆发前，美国放弃了大国的角色，并将其至关重要利益的范围限制在西半球和北太平洋。到了1917年，美国宪法制度在处理外交事务方面才卷入世界性事务。

由于我在第一章中表明的原因，这一行政责任制度在战争期间被破坏了，从1917年以来，战争的行为以及停火与和平的条件，都受到大众舆论的支配性影响。

这样讲并不意味着绝大多数的人对于摆在军事人员和外交部门面前的一系列复杂问题持有强烈的看法。大众舆论行动并不随着事件发展的连绵状态而继续。行动是非连续性的。通常是，在政策的新基本方针需要决定的紧要关头，介入了民众的否定。当然，也存在冷淡和漠不关心的时期。但民主的政治家们对未来烦恼的转变总是避免提前给出意见，他们知道民众的否决权是隐伏的，如果被挑动起来，将使他们及其政党付出昂贵的代价。

比如在1918—1919年冬季，英国首相劳合·乔治、法国总理克列孟梭、美国总统威尔逊和意大利首相奥兰多处于现代历史的紧要关头。德国人被打败了，其政府被推翻了，军队被解除武装并遣散了。协约国聚集一起，决定是强加一种惩罚性的和平还是达成一种握手言和的和平。

在二十世纪三十年代，英法两国政府必须决定是重新武装并采取一致行动遏制希特勒和墨索里尼，还是仍不武装、对其实行绥靖政策。美国必须决定是武装起来以遏制日本还是以中国为代价与日本谈判。

第二次世界大战期间，英美两国政府再次必须在敌方无条件投降的完全胜利与以和解为目标的谈判解决之间作出抉择。

这些是重大问题，正如在交叉路口选择一条道路，一旦决定即无反悔：武装或不武装——当一次冲突爆发时，是介入还是撤退——在战争中是为对手的无条件投降而战还是同其和解。这些问题是那么重大，使公众的感情迅速变得白热化。但这些问题都能用大众唯一可以说的话来回答——"是"或者"否"。

1917年来的经验表明，在事关战争与和平的问题上，民主国家民众的回答很可能为"否"。因为与战争有关的每一件事对几乎所有人都是危险、痛苦、讨厌和令人疲惫不堪的。仅有少数例外——接受马歇尔计划（Marshall Plan）是其中之一——的常规是，在紧要关头，当赌注很高时，理性的大众意见将形成否决的力量，来转变政府当时正在推行的方针。在和平时备战？不，提高税收、使预算不平衡、让男人们离开他们的学校或职业、招惹敌人，这些全是坏事。干预正在发展的冲突？不，避开战争的风险。从冲突地区撤退？不，不能对敌人实行绥靖政策。减少对该地区的要求？不，正义不能妥协。一旦机会出现就谈判实现妥协和平？不，侵略者必须受到惩罚。保持武装以实施强迫签订的协定？不，战争结束了。

令人不快的真相是，在紧要关口，流行的公众舆论常是错误且具破坏性的。民众强加否决给掌握信息的负责官员。

政府常常知道怎么做更明智，怎样做是必须的，或更为合宜。公众却迫使政府对小事行动迟缓，或对大事反应过慢；在平时太好和平，在战时太好战争；在谈判时太谨守中立，或绥靖，或太不妥协（intransigent）。民众意见在本世纪已获得日益增大的权力，已显示自己在生死攸关之时是一个作决定的危险主人。

2. 导致错误的强制

公众舆论在这些事情上的错误具有共同特点。民意的变动慢于事件的变动。正由于此，战争与和平问题上主观情感的周期经常与客观发展的周期不相合。因为是大众意见，所以存在惯性。改变很多人的想法比改变少数人的想法耗时长得多。要教导、说服和唤醒为数众多而散漫的民众，费时甚久。因此当民众刚掌握旧的事件时，很可能又有新的事件出现，政府必须准备加以处理。然而大多数人比较了解他们刚刚把握住的仅在手边的事件，而对距离尚远的未来事件并不了解。由于这些原因，对改弦更张说"不"的倾向就很可能导致错误。民意所处理的是一种已不存在的形势。

当世界大战到来时,自由民主国家的人民不能够被唤醒来对战斗作出努力和牺牲,除非他们为正在开始的灾祸所惊吓,被激起了强烈的仇恨,对捉摸不定的希望变得如醉如痴。要克服这一惯性,敌人必须被描绘为邪恶的化身(evil incarnate),那种专横的天生的邪恶。人民想要被告知的是,当这特定的敌人被迫无条件投降时,他们将重新进入"黄金时代";这场独一无二的战争将终结一切战争;这最后的战争将使世界对民主国家变得安全;这一征伐将使全世界成为民主之地。

这样激愤胡闹的结果是,民意变为深度的仇恨,人民不愿赞成一种可行的和平;他们反对任何公共官员"对匈奴人(Hun)表示温和",或准备倾听"匈奴士兵的啜泣"。[①]

3. 错误的模式

为了了解真实生活中发生了什么,我们必须记住第一次

---

① Cf. Harold Nicholson, *Peacemaking*, Chapter 3.

世界大战结束时，战胜国都是西方自由民主国家。列宁，直到1917年他还是身在瑞士的流亡者，仍处于他的战斗开端。墨索里尼只是一个默默无闻的新闻记者。没人会想到希特勒。参加巴黎和会的人士，均属于同一标准和传统。他们是合法选出的政府的领袖，在他们的国家，尊重公民自由是一项规则。从大西洋至普里佩特沼泽区①的整个欧洲，均属于它们军事力量所及的范围。所有非民主的帝国，不管敌人还是盟国，都被战争和革命摧毁了。1918年不同于1945年的是，没有雅尔塔会议，在和会上不存在外国外交部长对解决方案握有一票否决权。

然而协定条款一旦公布，即显示与德国的和平未曾建立。自由民主国家的失败，并非由于缺少权力，而是因为缺少政治才能。它们未能在世界的这一大地区重建秩序。在发生了革命的俄国之外，这一地区仍旧在它们的影响范围之内，仍旧服从它们的领导，仍旧顺从它们的决定，仍旧在同一经济内运行，仍旧生活在同一国际社会中，仍旧在同一话

---

① 普里佩特沼泽区（Pripet Marshes）是介于乌克兰西北部和白俄罗斯南部之间的一片沼泽地区。——译者

语体系内思想。由于缔造和平的失败，产生了周期性的战争，西方由此遭受了如此突然而惊人的衰落。

民意否决了和解，使问题的解决无法实现。于是当新一代德国人成长起来后，他们反叛了。但到这时，曾经在不久前还过于好战以致无法与解除了武装的德意志共和国实现和平的西方民主国家，又变得过于和平主义，而不能承担风险来及时阻止希特勒正在宣布他将对欧洲发动的战争。由于拒绝了力图阻止战争的风险，它们现在无法为战争做好准备。欧洲民主国家选择依赖不武装的绥靖，这是一种双重消极政策，而美国民众则选择了依赖不武装的孤立。

当未能阻止的战争到来时，致命的周期重复出现了。在英国人民开始认真作战之前，西欧已被打败和占领。在西欧的灾难之后和对珍珠港的突然袭击之前，美国人度过了十八个月犹豫不决的苦闷日子。珍珠港对美国人民的震撼，是任何辩论、证据和理由所不可企及的。

往事重演，除了激起人民愤恨的激情和乌托邦式好梦外，似乎依然无法发动战争。于是他们被告知，一旦罪恶的德国人和罪恶的日本人被迫无条件投降后，"四大自由"

将在各地建立。只有当敌人十恶不赦而同盟国近乎完美时，战争才是得人心的。这种恶毒的怀恨与狂怒的正义相混合形成的民意，不会容忍持久的解决办法所要求的有计划的妥协。又一次，人民被宣传蛊惑，被鼓励去打仗并忍受战争的苦难；又一次，他们不愿思考；又一次，他们不允许其领导人思考同其敌人的最终和平，或组成这一联盟的同盟国之间必定出现的各种分歧，正如以前的联盟一样。这种人民外交功效如何，已由下列事实证明：民主国家解除它们敌人的武装后，不到五年，又要求过去的敌人德国和日本重新武装。

记载表明，民主国家的人民在本世纪已变得至高无上，他们的政府要适宜地准备战争或缔造和平变得日益困难。他们负责任的官员变得像一个固执己见和任性的暴君治下的部长那样战战兢兢。在不同的紧要关头之间，当民意不注意或未被强烈激起时，那些负责任的官员常常能欺蒙极端的民众，引导他们趋向温和与明智。然而在危机中，民主政府的官员——加上他们自己有犯错误的人类弱点——被驱使犯下民意所坚持的巨大错误，即使最伟大的人物也未能逆转民意与情感的洪流。

民意在判断战争与和平时会犯错。为什么会有此种倾向？其实并没有什么秘密。战略与外交决策要求有一种知识——且不说还需要经验和适时的判断——只靠阅读报纸，聆听片段的广播评论，观看政治家在电视上的表演，偶尔听听演讲，读几本书，是无法得到这种知识的。这并不够使人有能力来决定是否应截断一条腿，也不够使他有资格来选择战争或和平、武装或不武装、干涉或撤退、打下去或和谈。

因此，通常当决策至关重要和紧迫之时，公众不会被告知全部真相。所能告诉广大民众的是，他们听不到复杂和适当的具体事实，那种事实是实际决策所必需的。当遥远、陌生和复杂的事情被传播给广大民众时，真实性会遭受到严重且经常是激烈的扭曲。复杂的变成了简单的，假定的变成了教条的，相对的变成了绝对的。即使没有通过审查和宣传来故意扭曲事实——这在战争时是不可能的——也无法仰赖大众的民意来定期和迅速地理解现实事务。民意有一种由我们的希望与恐惧所激发之谣言滋养的内在倾向。

4. 民主的政治家

在这悲惨历史的关键时刻，有那么一些人值得倾听，他们警告人民不要犯错误。政府内也总是有一些人判断正确，因为他们得以及时获知未经审查的原始真相。但现代民主的气氛通常并不能激发他们坦陈己见。三十年代丘吉尔在慕尼黑之前所做的是个例外：常规是一个民主的政治家最好别太早做对事。惩罚常常是政治死亡。与舆论保持一致步调，较之与事件较快的发展保持平行要安全得多。

从事政府的职务，对于民众情绪的强烈与激昂甚为敏感，而公职人员并没有确切的任期。实际上他们永远在寻求政府职务，总在为其政治生命经受考验，总被要求去迎合躁动的选民。他们被剥夺了独立性。民主政治家们很少感到他们能经得起把全部真相告诉人民这样的压力。[1] 由于不告知

---

[1] "若看看合众国早期的领导人，华盛顿、约翰·亚当斯、汉密尔顿等，我们可以看到他们都坚持做他们自己，拒绝谄媚人民。在以后继起的每一代，人民的要求不断增长，认为经选举产生的官员不应领导而只应记录他们的意愿，这已稳步地损害了那些经由民选获得权力者的独立性。亚当斯父子坚决拒（转下页）

是令人不快的,尽管事属审慎,他们发现如果他们不必要常听到太多的冷酷真情,那么会轻松些。在他们之下工作的那些报告和收集消息的人,也同样发现,在正确见解流行之前,保持错误要更安全些。

例外的情形是那么少有,因而被视为奇迹和畸形,成功的民主政治家是不安全和受惊之人。只有当他们抚慰、绥靖、贿赂、引诱、欺骗,或设法操纵他们选民中要求较多、有威胁性的分子,才能在政治上推进。决定性的考虑不是提议好不好,而是是否受欢迎——不是它是不是行得通,而是那些活跃的议论不休的选民是不是立马喜欢。政治家们通过表示公职人员在民主国家是人民的仆人,来将这种奴役合理化。

政府权力失去生命力是民主国家之疾。当这种疾病愈来愈严重时,行政机关对于选举产生的议会的侵占和僭越变得极度易受影响;他们受到政党讲价、有组织利益的代理人以

(接上页)绝了为赢得职位或众望而牺牲他们自己的智识和道德标准以及价值观之方正,这实为又一把计算尺,可据以衡量美国人自始即有的分野。"James Truslow Adams, *The Adams Family* (1930), p. 95.

及一些宗派和意识形态发言人的挤压和干扰。这一疾病可以是致命的。假如当战争与和平、安全与偿付能力、革命与秩序的重大问题被交付决定时,行政和司法部门,就与公务员和技术人员一起丧失了其决定权,那么它对于国家作为自由社会的生存是致命的。

第三章 权力的误用

1. 治理者与被治者

当我把民主国家之疾描述为大众与政府之间关系的误置时，我当然是说存在一种健全的关系，我们应能了解它是什么。现在我们必须考查这一假定。我们来看看执政或行政权力与民选议会及选区中的选民之间的关系。最佳着手之处是我们宪政发展的简单初始——中世纪的英国议会——以后实际功能及其关系才因其后来的发展而变得复杂。

在行政职能和代议职能得到区分之前，没有一种关系（无论健全还是不健全）能够存在。在原始社会中二者是未分化的。在诺曼人和安茹王朝统治时代[①]，二者的分化还未发生。这些统治者"既裁断又立法还行政"。② 但到十三世纪，已经可以看到分化了，我们感兴趣的实质关系已能够看出。 1254年在亨利三世治下，颁发了一份文件召集议会。每一个郡的郡长（sheriff）都接到命令，须"派遣良善慎思之骑士两人，出席国王之大会议，此两名骑士应由郡内人民选举，代表该郡人民，会同其他各郡骑士共同商讨如何协助国王"。③

让我们注意这种二元性。一方面是政府，包括国王及由高级教士和同僚组成的枢密院；另一方面有各郡的骑士，代表各郡人民。他们将召开会议，国王将询问骑士他们能给他什么帮助。这就是基本的关系。政府可以采取行动。因为它可以行动，它决定采取什么具体行动，它也提议各种措施；然后它询问那些必须供给经费和人员的各位代表，以及实施各项决定的办法。被治者通过其代表，即每郡两名骑士，给予或收回他们的许可。

---

① 诺曼人（Norman）于1066年征服英国。安茹王朝（Angevin）为英国王族的金雀花王室（Plantagenet）一支，统治时期自1154年至1399年。——译者
② A. F. Pollard, *The Evolution of Parliament* (1926), p. 240.
③ *Encyclopedia Britannica* (1952), Vol. 19, p. 164, article "Representation".

从这两种权力——统治者的权力和被治者的权力——的紧张和平衡中，形成了英国宪法成文的和不成文的契约。统治者须先平衡被治者的不满心态，被治者才会提供协助。如果政府不倾听请愿，如果它不周知情况，如果它不咨商，如果它不能赢得那些被选出来作为被治者代表的人的同意，那么政府的统治方法将遭到拒绝。

行政是国家内的活跃权力，是要求和建议之权。代议的议会是同意之权，是请愿、同意和批评、接受和拒绝之权。若要有秩序和自由，两种权力都是必要的。但每种权力谨守本身的特性，互相限制和补充。政府必须有能力统治，公民必须得到代议以免自己遭到压迫。制度的健康有赖于两种权力之间的关系。若任何一种权力吞噬或摧毁了另一种权力的职能，那么宪制就被扰乱了。

此处治者与被治者之间存在一种关系，我认为这种关系根源于事物的天性。我甘冒类比推理之险，建议政治社会中的这种二元职能效仿两种性别。在生殖活动中，两性各有其不可变换的生殖机能，如一种机能衰退或与另一性别的机能混淆，结果是不育和反常。

在国家的终极活动中，问题是战争与和平、安全与偿付能力、秩序与叛乱。在这些终极活动中，行政权不能由代议制议会来行使。它也不能在压制议会之后来行使，因为在两种主要职能的误置中潜藏着失序的种子。

2. 人民和选民

最近一位研究都铎王朝①革命的历史学家埃尔顿先生（Mr. G. R. Elton）说："我们的历史大部分仍是由政治自由的倡导者辉格党人写成的。"又说："对于专制主义的防止，人们早已了解并时常加以描述——强有力的统治，防止无政府，维护秩序，仍需多加探讨。"他继续说，历史上有几个时期，都铎王朝是其中之一——我们还可以加上我们这个时代——人们安于被治，为失序所困，他们在强有力政府和自由政府之间一直更偏爱前者。

---

① 英国都铎王朝的统治年代是从 1485 年至 1603 年，以威尔士贵族欧文·都铎（Owen Tudor）与亨利五世的遗孀联姻开始，包括亨利七世、亨利八世、爱德华六世、玛丽一世和伊丽莎白一世。——译者

西方自由民主国家在人类事务方面是一支衰退的力量。我认为这是由于它们政府职能的误置使其无力应对不断增长的混乱。我没有说，的确这也不可能确切知道，此疾是否能得到治疗或是否必须遁入常轨。但我要说，若此疾得不到治疗，它将继续腐蚀防止专制主义的力量，而西方则可能丧失自由，而且将得不到恢复，失败至此，除非发生另一场革命。但无论哪一种紧急情形，是现在救治还是在经历灾难后再恢复，我们的首要之务是对这两种职责，其本质及其误用，先获得足够的知识。

为此，有必要一开始就消除"人民"一语的含糊性。它有两种涵义，加以明确区分或为合适之举。当我们谈论人民主权时，我们必须知道我们是在谈论作为选民的人民还是作为整个人口（有祖先和后世）的共同体的人民（*The People*）①。

人们经常认为，但并无道理，人民作为选民的意见可视为作为一个历史共同体的人民利益的表达。现代民主的关键

---

① 此处原文使用了斜体，以与前一种涵义的"人民"相区别。——译者

难题来自这一事实,即这个设定是虚假的。要选民代表人民是靠不住的。选民在选举中的意见不能毫无疑问地被接受为共同体至关重要利益的真实判断。

当美利坚合众国宪法序言说"我们,合众国的人民(People of the United States)……制定这部宪法"时,指的是谁?1787年9月17日,大约四十名制宪会议成员自5月25日就开始创制的宪法草案,共持续了一百一十六天而告完成。在这一文本的第七条,他们确定,假如且当九个州的大会批准了它,那么在那九个州,合众国的人民就创制了这部宪法。在这一情境下,被选到九个州制宪会议的代表中的多数就被认为有权作为合众国的人民来行动。

美国居民中有资格选举这些代表的人为数不多。他们不包括奴隶、妇女,只是那些能通过财产和其他高度限制性检验的成年男子,仅纽约一州例外。我们并无准确的数字。但根据1790年的人口普查,当时人口为3 929 782人,其中,3 200 000为自由人,他们当中有选举权的成年男子据估计少于500 000人。若使用马萨诸塞州的数字作为统计样本,可以认为不到160 000人实际投票选举了出席各州宪法批准会议的代表；在这些投票中，或许有100 000人赞成批准美利坚合众国宪法。①

准确的数字并不重要，要点在于那些选民不超过——我们可以加一句说，他们从来没有也不可能超过——全部人口中的一小部分。在宪法制定时，他们不超过5％。1952年他们还不到40％，除了南方的特殊条件下，我们有了成人普选权。很显然，选民永远不可能等于全部人口，甚至也不等于全体活着的成年人口。

因为作为选民的人民和作为全体国民的人民之间的不同选民无权把自己看作国家财产之主（proprietors），宣称他们的利益与公共利益相一致。选民中一群占优势的多数并不等于人民。宣称他们就是人民纯属欺世盗名，以用来为议会对行政权的篡夺辩护，以及为煽动性政治家对政府官员的胁迫辩护。事实上，煽动可称为一种手段，一小部分作为选民的

---

① 这些数字来自我的朋友阿兰·内文斯（Allan Nevins）为我准备的备忘录。在他1952年1月24日的信件中，他说：

"任何写作关于我国早期历史上选举数字的人，其根据甚不可靠。可靠资料——统计和一般报道——太欠缺，不足以对全国作一种有详细结论的明白叙述。你将会知道，我曾经找到许多州和许多地区的数字，但是我无法据以归纳而应用之于全国。我想，我们能绝对有把握予以说明的，是在这些早期选举中，投票者不超过全部人口的5％。"

人民借此获取人民的权威。这就是为什么很多犯罪行为是以人民的名义做出的。

有不少杰出的政治哲学家拒绝这一分析性的区分。那些人在思想上是浓厚的形式主义者,现代人常有这种倾向,他们视具体人民之抽象观念仅为字眼,颇似以咒语召唤幽灵。因此,根据那个坚决的形式主义者杰里米·边沁(Jeremy Bentham)的说法,"社会是一个虚构的团体,它是由被视为社会之成员的许多个人组织而成。那么社会的利益是什么?——就是组成社会的一些成员之利益的总和"。[1]

这一陈述中存在明显的勉强和经验上的事实根据论调。但坚冰是薄薄的。因为边沁忘记了"组成社会的一些成员"绝不会是从一个时间到另一时间的同样一批成员。如果一个社会是他所说的那样,那么在理论上,可印制一本《人名录》,每人列上其地址。但这样一份名单绝不可能编成。当这份名单编成时,新的成员已出生,老的成员将死亡。这就是为什么当美国宪法被订立和制定时,把订立并制定宪法的

---

[1] Jeremy Bentham, *The Principles of Morals and Legislation*, Chapter I, Section 4.

"合众国的人民"视为1788年6月21日的美国居民是没有意义的。在那历史性一天的日出和日落之间，组成人民的个人就已发生了变化。在三十年间他们变化巨大；在一百年间则完全变化了。

因而，人民不仅是边沁所想的活着的个人的集合。人民还是个人所组成的人流，一代代绵延不绝。当伯克（Burke）引用合伙关系（partnership）一词时，他曾说合伙关系"不但存在于那些活着的人中间"，而且与"已死者和将生者"有关。人民是一个法人，一个实体，也即，当个人加入和脱离时，团体仍然存在。

因此，当边沁说社会的利益不过是在一个特定时间碰巧组成社会的一些成员的利益之和时，他不可能是正确的。当他说"组成社会的个人之幸福即他们的快乐和他们的安全，是立法者应注意的目的和唯一目的"时，他也不可能是正确的。①

因为，除了在任一特定时刻组成社会的个人的幸福和安

---

① Jeremy Bentham, *The Principles of Morals and Legislation*, Chapter 3, Section 1.

全外，还有一代一代将要组成社会的个人的幸福和安全。若我们按个体的人来考虑，人民作为集合体基本是看不到听不到的。的确，作为一个总体它是不存在的，其中如此之多的人死亡了，如此之多的人将要出生。然而，尽管这一法人存在对我们来说无关紧要，用伯克的话说，它把个人同他的国家连结在一起，"这些联系虽如空气一样轻，实如钢铁一样重"。① 这就是为什么年轻人在战场上为他们的国家而死，年长者仍然种树却永远不会安坐其下。

这个看不见、听不见、基本上不存在的社会给了政府的必要目标以合理的意义。若我们否认它，把人民看作目前的多数人（prevailing pluralities），正如边沁所说，他们的投票选举是为了"他们的快乐和他们的安全"，那么国家在哪里，是什么？保卫公共利益是谁的责任和职责？边沁留给我们的观念中，国家是党派为了其眼前利益进行生存和支配斗争的活动场所。没有看不见和超越性的社会把他们联系起来，他们又何必为后世着想？后世又何必为他们、为他们的

---

① Edmund Burke's speech on *Conciliation with America* (1775).

协议和契约、为他们的承担和允诺着想？然而，没有这些与未来的联系，他们无法生存和工作；没有这些联系，社会的组织会解体和碎裂。

3. 新获选举权的选民

人民主权学说是古老和神圣的。但在十九世纪后半叶之前，它并不意味着人民拥有选举权。譬如，当公元800年查理大帝加冕时，罗马教皇声言是人民的意志。这被称为"有实无名代表制"（virtual representation）原则。[1] 那些因无选举权而没投票的，或因是婴儿或甚至尚未出生而不能投票的，被认为是由罗马教皇、国王、议会等以他们的名义代表了他们的意志。

当公元800年加冕时，帝国由希腊人转到了日耳曼人手上。需要一个理由来解释为什么是日耳曼君主而不是拜占庭皇帝，将成为罗马帝国的恺撒等人的合法继承者。皇位并非

---

[1] 力倡"有实无名代表制"的是伯克。Cf. his speech (1784) *On the Reform of the Representation of the Commons in Parliament*.

世袭，无论如何查理大帝无法声称有亲属关系；皇帝不是由罗马教皇任命的，他是由属于选举人团（College of Electors）的日耳曼各君主所推选的。需要一个学说来证明和驱动每一个人相信查理大帝是恺撒的合法继承者。

新帝国的宣传家们以如下为人接受的理论为基础："作为罗马恺撒帝国继承者的皇帝的权力，原基于该统治地区人民所行使之权力转让法。"[①] 他们争辩说，帝权开始时一度曾发生之行为，一旦帝位虚悬时，将再度发生。帝权既"归属或复归人民所有"，人民便须选择一位新皇帝，他们甚至可以把帝国从一个民族"转移"至另一个民族，正如从希腊人转移至日耳曼人。毋庸说，被认为拥有这一权力的"人民"，既没有选票又没有任何其他途径表达其意志。据称他们希望有人为其行使权力。在查理大帝加冕时，罗马教皇便是这样做的：他"不过是宣布和执行了人民的意志"。

所有这些都似已久远。但若我们拒绝有实无名代表制，问题仍然存在：如果罗马教皇或国王，或是贵族组成的议会

[①] Otto von Gierke, *The Development of Political Theory*, translated by Bernard Freyd (1939; original first published 1880), p. 92.

不能代表人民，那选民的一个多数又如何能宣称和执行人民的意志呢？教皇代表人民，这在现代人听来似乎不恰当。但由对一些人选票的统计代表人民是否也不恰当呢？这一谜团来自如下事实：人民作为一个法人是主权权力的真正拥有者，作为选民集合体的人民则有着不同的、相互冲突的自我中心利益和意见。他们的一个多数不能视为代表法人国族。

也许有人会认为，当选民多不胜数时，我反复申说的区分还是得不到解决。选民的多数就不能视同为全体人民吗？他们不能。增大选民人数并不能提高多数选民真正代表公共利益的可能性。我想，二十世纪我们的大众选举经验迫使我们得出相反的结论：当信息必须传达到的民众人数持续扩大、意见更为纷纭时，我们必须说，民意变得更不现实了。

当我们提醒自己，政治民主，如本世纪我们所知的那样，是一种非常晚近的政治现象时，所有这些就都不那么奇怪了。支持普选权的道德假定或许可说是由美国独立战争和法国大革命在十八世纪末奠立的。但（直到十九世纪末）普选权的实际推进却是间歇（spasmodic）和缓慢的。1900年，英国的选民只占全国人口的11％；1922年则是43％。1918

年通过的《民意法案》(Representation of The People Act)简化了极为复杂的投票规定,并把普选权扩大到年满三十岁、有居民资格的妇女,选民人数增加了近三倍。在法国,1881年选举时选民占全国人口的27%;1951年为45%。直到十九世纪的最后二十五年,在西欧和北欧的大多数国家,选民占人口的比例不超过5%。1890年,美国的选民只占全国人口的15%。第一次世界大战以后,由于妇女以及一定程度上南方的黑人也获得了选举权,这一比例增长到30%以上。

巨大数量的选民是个新现象,比理想、观念、制度和自由国家概念的使用要新得多。政治演说家们经常设定大众投了他们自身自由的票。但事实是他们在获得了自由后才获得了选票,其实还有一个主要原因是自由民感到没有能力选举不符合他们平等的尊严。[1] 在英国,1689年的《权利法案》要比普选权早出现两个世纪。有选举权的人们并未建立如下规则,即所有权力都须依法而行,法律必须经由正当程序制

---

[1] James Bryce, *Modern Democracies*, Vol. I, Chapter 4. Cf. also John Stuart Mill, *Considerations on Representative Government*. In *On Liberty, Representative Government, The Subjection of Women* (London, Oxford University Press, 1946), Chapter 8, pp. 272-294.

定、修改和实行,一个合法的政府必须得到被治者的同意。

我不厌其详地论述这一点,因为它说明了本世纪如此混乱的经验,即获得选举权的民众,令人惊讶地并非那些曾以最坚定态度维护自由制度的人。

第四章　公共利益

1. 什么是公共利益?

我们现在要考察在长时期内,不可见社会的利益在现代国家治理的实际工作中,由谁来代表、如何代表。

在普通情况下,不能期望选民能超越他们特殊、本地化和关切自我的意见。正如不能希望在山谷工作的人从山顶看田野一样。在他们的这种情形下作为私人很难超越,选民们极有可能认为,不管什么,对他们明显是好的则对国家也必定是好的,在上帝看来也是好的。

我绝不是说选民们无权使其特定意见和利益得到代表。但他们的意见和利益就是他们的意见和利益,仅此而已。他们的意见和利益——仅此而论——并非公共利益的主张。如果真正是他们自身的意见和利益，则此种意见和利益仅为许多不同选民集团意见的真实报告，除此以外，它们没有固有的权威。盖洛普民意测验是关于人们怎么想的报告。但测验样本中多数人怎么想，跟这是否健全的公共政策毫无关系。因为他们判断重大问题的机会本质上是很有限的，他们意见的统计之和不是一个问题的最终裁决。它不如说是争论的开始。在这一争论中，他们的意见要与行政部门的观点比对，以保卫和促进公共利益。实际可行的公共政策处在这两种观点之间所达成的协调。

让我们来问自己，公共利益是怎样看到和判断的？由上述内容我们知道，通过预测包括尚未出生者在内的不可见社会，假设该社会有机会选举，当它选举时，它将要、愿意或可能说什么。我们无法回答公共利益的判定问题。我们无法随意凭借任何意义上的幻想的公民投票来发现公共利益。我们无法知道我们自己五年后将怎么想，更不知道现在摇篮中的婴儿当他们长大走进投票站时将怎么想。

然而我们的利益，如我们今日观察的，是在公共利益之内的。我们必须相信，活着的成人共享同样的公共利益。然而，对他们而言，公共利益是与私人和特殊利益混杂在一起的，而且经常不一致。这么看，我觉得我们可以说，公共利益可视为当他们清楚地看到、理性地思考、冷静和善意地行动时人们的选择。

2. 现实的方程式

在真实世界中行动的理性人可定义为一个在希望和可能之间决定如何平衡的人。只有在想象的世界我们才能想做什么就做什么。在真实世界中，总是存在可能和希望之间必须加以调整的方程式。在各种限制下，一个人可以就如何平衡作出自由选择。如果他以做零工糊口，他可以选择更努力干，花得也更多些。他也可以选择干得少些，花得也少些。但他不能干得少些，花得多些。

我们在实际事务中面对的是一连串长而复杂的方程式。我们可能称作"生活事实"的是账户、预算、军事命令、选举统计表。有时，但非总是，方程式的两端可根据金钱、供给与需求、收入和支出、财产和负债、出口和进口的数量来表示。有效的选择被限制在方程式相对的两端在哪里（而非是否）达到均衡的问题，因为总是存在计算。

例如在公共生活中，通过减少税收收入的开支达成预算平衡；通过增税以满足开支，或把二者结合起来，通过借贷或通过别国政府的援助贷款，或通过信用贷款，或把这些都结合起来。不管采用什么办法，事实上预算总是平衡的。假如不谈"预算不平衡"，我们说借由借债而不是税收平衡预算，借由通货膨胀平衡预算，或借由补贴方式平衡预算，那么核算的真正性质可更为清楚。一个政府如果不能通过税收、贷款、外国赠与或使人民接受不兑现纸币，就不能支付账单和向其雇员支付工资。在破产情况下，破产者虽不情愿也得平衡。他被迫通过把开支削减到他收入的水平来平衡他的账户。

公职人员必须记住的是，在各种限制下，何处平衡预算的选择是开放性的。在进行这些选择时，他们面对着新的方程式。通过增税平衡预算当然是可能的，但增税能做到哪一步？某种程度可以，但不能没有限度。不存在固定的标准。尽管我们不能数量化地表示所有方程式，但这并不能减少我们平衡方程式的必要。会有一个核算，实际判断要求一个有根据的估计：如何使纳税人能立刻接受，如何做他们将只有怨言而不致有更坏反应，如何将会引起他们的抵制和逃避？如果是和平时期、战争时期、冷战时期、社会和经济动荡时期，纳税人对不同水平的税收会如何反应？尽管这种种办法无法归纳成精确的数字，审慎的人士还是会对方程式在哪里平衡作出估计。

他们就何处平衡账户所作的决定必须反映其他判断——比如：与对外关系有关的军事要求是什么；与需求增减的需要有关的商业周期处于何阶段；国际货币账户的条件是什么；什么是必要的公共活动和福利措施；什么又是所希望的但并非不可或缺的。这些判断中的每一个，其本身都是各方程式金字塔的顶端：例如，是否在世界上的这一点或那一点扩大或减少国家承诺——基于这一决定在世界其他方面的影响如何。

因而，我们可以说，公共政策是在方程式中决定的。问题在于要在何处平衡作出选择。在现实事务中，X 将迫使与 Y 相等。在事情的特定性质允许的限度内——对这一限度必须作出估计——必须通过增加或减少方程式的项数而使之平衡。

通常，方程式的两端不同，一端与另一端比较起来，较令人愉快、较合适、较受人欢迎。总的来说，较柔性和容易的一端反映我们所希望的，而较硬性的一端反映所需要的，以便满足期望。战争与和平、清偿能力、安全、秩序，这类重要的方程式，常常有较硬性或较柔性、较愉快或较痛苦、较受欢迎或不受欢迎的选择。在下列情形下更易获得选票，即拨款而非征税、促进消费而非刺激生产、保护市场而非开放市场、放开而非紧缩、借贷而非储蓄、要求而非妥协、不妥协而非谈判、威胁开战而非只做准备。

面临在硬性和柔性之间作这些选择，民主政府的正常倾向是取悦最大多数的选民。选民的压力通常是取方程式的柔性一端。当选举产生的议会和民众意见在国家中举足轻重，当没有政治家来抵制选民的倾向而只有政客取悦和利用他们时，政府就无法应对现实，其原因就在这里。

于是有一股往下吸引的总体趋向，犹如受到重力作用，趋向破产、趋向党争不止、趋向自由被腐蚀、趋向夸张的战争。

第五章　两种职能

1. 民选的政府

我相信，我们的研究表明，我们不能视民治政府为理所当然，好像它的各项原则都已确定了而无需再讨论。我们被迫同意亨利·梅因爵士大约七十年前所写的，"自从被引入文明世界后，民治政府以其现代形式呈现的实际历史"，"甚少证明民治政府有一个无限长的未来展现于前。反之，经验倾向于表明，它的特征是巨大的脆弱性，而且自从它出现后，所有的政府形式都比过去更不安全了"。[①]

我们已详细说明行政权的失势是梅因所说的脆弱性之因。如我所说，这种失序产生于以行政权为一方，以代议制议会和选民大众为另一方，双方之间关系的功能误置。

民主国家易于出现这种失能，因为当行政权有赖于选举时，便先天地比选举产生的代表软弱。民主国家通常权力的流失是从统治的中心下到选民。[2]而选举的通常趋势是把选举产生的官员降低到有组织的多数方的代理人角色。现代民主政府一定是大政府，就其人员看，就其计划的范围和多样看，以及就其干预的无处不在看，都是如此。然而"大"不一定就是"强"。事实上，它们是臃肿而非强大，过于虚弱以致无法抵制特殊利益和官僚部门的压力。

作为一项规则，选举市场上的竞争就像是格雷欣法则：

---

[1] Sir Henry Maine, *Popular Government* (1886), p. 20.
[2] Yves R. Simon, *Philosophy of Democratic Government*, p. 136, quotes Jefferson, *Notes on Virginia* (Memorial ed.; Washington, 1903), Vol. II, pp. 162-163. （杰斐逊考察了他所说的"宪法的主要缺憾"）："政府的所有权力，立法、行政和司法，终归于立法机关。把这些权力集中于一身正是专制政府的定义。这些权力将由许多人行使，而非由一人行使，这并未能减轻弊端。一百七十三名暴君肯定将如一名暴君那样专制。让那些怀疑者看看威尼斯共和国吧。他们系由我们选举一事，并未有利于我们。一个民选的专制政体并非我们所为之奋斗的政府，我们所要的不但是基于自由原理的政府，而且在这一政府中，政府权力在几个主管机关之间分割和平衡，任一机关都不能超越它们的法律限定，也不受其他权力有效的限制和约束。"

劣币驱逐良币。竞争的不平等非常不利于像拥有布里斯托尔（Bristol）选民的伯克那样的候选人，他允诺忠于自己的最佳良知和判断；又总是有利于另一种候选人，他们愿把自己作为选民集团的代理人、代表、发言人、差使。

在一个现代民主国家，首席行政官员必须是选举产生的。但由于遗传、惯例、祝圣、等级和等级制度被现代性的酸性所溶解，行政官员完全有赖于选举。他们没有一定的地位和任期，这地位和任期本来会增强他们的良心，使他们拥有权力抵抗大众舆论的潮流，保卫公共利益。

他们短时间地任职，为了这一职务，他们必须运用和操纵党派和压力集团中间的联结。他们的政策必须是有选择和形塑的，以便吸引和保持这些联结。也有的时候，即"最佳时光"，一些团体超过了其习惯上为一己之私的打算，而是团结合作，但这种时候甚少。在一个民主国家中，它们不是日常生活之事，而像梦境中的一个奇迹被记住。在民主政治的常规生活中，选举产生的行政官员绝不可能长时间把他们的眼睛从全体选民之镜中移开。他们不能太注意窗外的现实世界。

2. 保护行政权

在十九世纪，优秀的民主人士首要关注确保议会中的代表权，以及把议会的控制扩大到行政权力。确实，在议会凌驾和支配下行政权的不充分这一问题，费城制宪会议上的建国之父们早就意识到了，这个问题也受到民主的批评者和反对者的持续关注。但直到二十世纪，这个问题才被尖锐而紧迫地提出，其存在才为众人所周知，但它还不是个迫在眉睫的问题。①

在 1914 年前的几代人期间，西方的政治气候颇佳。此外，全部人口的选举权、解放和世俗化，尚未发挥全力而产生重要后果。政府仍有权威和权力，独立于议会和选民。它们仍能运用权威的传统来源——命令、世袭特权和祝圣。

然而，保护行政和司法权力免受代议制议会和大众舆论的侵蚀这一需要，很久以来就被人理解了。② 人们采用了许

---

① Cf. Woodrow Wilson, *Congressional Government*, Chapter 5.

多权宜之计缓和、中立、制约和平衡政党、派别、游说集团、宗派的压力。布赖斯曾说，这些权宜之计采取了两种一般形式，一是对议会加以宪法上的限制，二是"对人民的全部权力加以分割"来削弱它。③ 其途径是分别选举立法机关和行政领导人，或者由不同的选民在不同的时间选举立法机关。

宪法规定的机制本身从来不足以保护行政权。很多发明和改革的努力曾用于探求其他方法来隔绝司法、执行和行政职能，使其免受"政治"和"政客"的重压，其目标是使之与选举过程隔离。司法机关必须独立，不必畏惧，不能徇私。在法院的判断和选举统计表之间不能有关联。文官、军队、外交系统、科学技术体系、准司法行政法庭、调查委员会、公立学校和高级学府，应实质性地独立于选举。这些改革是由政党分肥制的可怕结果激发的，是作为显著弊害的实际补救办法来推行的。

---

② Hamilton, Jay, Madison, *The Federalist* (Modern Library), No. 48, pp. 322 - 326; No. 49, pp. 330 - 332; No. 71, pp. 464 - 466.

③ James Bryce, *Modern Democracies* (1921), Vol. II, Chapter 63.

然而，在这些改革中隐含着一个原理，若足够深入地运用，可作为现代民主制度失序的治本办法。此即虽然政府官员由选民选举产生，或者由当选者任命，他们的首要义务不是忠于选民的意见而是忠于法律，忠于其专业标准，忠于他们工作的艺术与科学的诚实，在他们宣誓尊敬的规则和参照系内，忠于他们自己的良知和对其义务负责任的信念。

3. 选民和行政者

上述原理可用别的话语来说明。当选民选举统治者时，他们在他身上没有股份，他们没有权利命令他。他只对自己的职务负责而不对他的选民负责。选民的责任是选人任事，而非指导担任职务之人。我认识到，正如我已陈述的，这一原理反对流行的看法，即在民主制度中，公职人员是人民的仆人，也即选民的代理人。在玩政治游戏时，我所说的乍一看似乎是一种完美主义的建议。

然而，有理由认为这不是一个抽象和空洞的理论化之议。一个理由是，直到较为晚近时，它已是统治者——世俗的和精神的——据以选举产生的原理。

《使徒行传》第六章记载，在早期的教会中，十二使徒叫众门徒来，对他们说："从你们中间选出七个有好名声、被圣灵充满、智慧充足的人，我们就派他们管理这事。"当这些人选出并祷告后，"使徒……就按手在他们头上"。经任命后，他们不再选举他们的众人之仆人，而是上帝的仆人。

这一原理也被用于罗马教皇的选举。如苏亚雷斯（Suarez）所说，"教皇是由红衣主教选举的，然而他立即从上帝那里获得权力"。[①] 同样的原理也用于选举国王。选举人选出国王后，他接受加冕和涂油。然后他的责任是忠于他自己的誓词，而非忠于选举者。选举的行为并不把统治者与选举者捆绑。交易的双方只捆绑在职务上；选举者指命一个胜任此职务的国王，而国王则适当地就任此职务。

如果仔细看这件事，我相信我们会发现，这必须成为选举的原则。选举者所选择的，不是在政府中代表他们的某个

---

① Yves R. Simon, *op. cit*, p. 174.

人，而是政府首长自身。尽管这点不为人深知，在选举一位行政首脑和选举一个代表之间存在着重大差别。行政首脑在道义上绝不能视自己为选举者的代理人，而一名代表在理性和一般公共利益的限度内，则被期待做他们的代理人。[1]

这一区分在西方社会的政治经验中有着深刻的根源，尽管在原则上并未被认知，它隐含于我们的道德评判之中。我们相信，有案件在身的每一个人，都有权利由一名律师代表，这名律师在法律和专业实践典律范围内，被期望成为他当事人的坚决支持者和辩护者。但这预设了不仅对方也将有效地得到代表，而且案件将交付法庭审判。法官不是辩护者，也没有当事人。法官受其司法誓言的约束。在政府的行政部门中，同样的伦理标准，虽然其运用较不严格，但也受到承认。无论是总统还是部门首长，都不应当利用其职务维护一个当事人或压力集团，或甚至他所属政党的利益。他的行为必须表现为忠于其任职誓词，这意味着其行为的公平和理智。他绝不应为了得到选票而牺牲公共善，或承认他玩弄

---

[1] Hamilton, Jay, Madison, *op. cit.*, No. 10, pp. 55-62.

了"政治"。尽管他常常是那样做的，但忠于公共利益是他的美德，他至少必须对这一美德表示虚伪的尊敬。

当我们转到代议制议会时，形象就不同了。如果伦理准则也运用的话，那么其形象是散漫而松弛的。代表在很大程度上是一个代理人，他的道德形象更像是律师而非法官。当然，有时他事实上是国家重要职务的持有者——在宣战和批准条约时他必须表态和投票。但是在议会中处理一般性事务时，他有权，事实上是有职责，加以约束，与他的选民的利益和情绪站在一起，而且在合理限度内，尽其所能支持他们。因为，对一个文明国家的自由和秩序而言，选民得到有效代表是不可或缺的。但代表不应与治理相混淆。

4. 被削弱的行政者

在力图理解民主政府之弊时，我已详述了政府职能潜在的二元性：治理，即法律的执行与立法的创制；代表被治者，那些必须为政府的行动而纳税、工作、作战或牺牲的人。我把二十世纪民主的灾难归因于这些首要功能的错置。

行政部门的权力已经被代议制议会和大众舆论所削弱，经常濒临无能为力的境况。治权的这种错置已迫使民主国家犯下了灾难性的，也可能是致命的错误。它也把大多数（或许不是全部）民主国家的议会从地方和个人权利的保卫者转变成了党魁驾驭的寡头制，威胁着国家的安全、清偿能力和自由。

在西方社会的传统中，文明的政府建基于如下设定之上，即行使两种职能的两种权力将处于平衡——它们将相互制约、克制、补偿、补充、通报和赋予生机。

在本世纪，两种权力的平衡被严重扰乱了。两大演进潮流汇聚于现代民主政治中，使行政权失去活力、受到削弱、丧失重要机能。一是公共开支的巨大扩张，主要是为战争和重建，这加强了议会的权力，行政机关依赖它们的投票拨款。削弱行政权的另一个发展是，民主的民众中的大多数愈来愈没有能力相信难解的现实。这剥夺了政府不可称量的权威，这种权威来自传统、悠远的惯例、祝圣、尊敬、旧习、声誉、遗传和等级制。

在我们宪政发展之初，当国王掌控了大贵族后，他就成为国内最巨大财富之主。国王也是发布不可称量的约束和命令权的始点。由于国王需要金钱和人员作战，他召集了各郡和市邑的代表开会，他们手中掌握着国王所需要的金钱和人员。但不可称量的权力，以及对土地和人员的巨大权力，仍然在国王手中。经过几个世纪，议会对于政府所需供给的权力逐渐扩大了。它们必须在更大的资源中拨付较大比例的费用。同时，在启蒙运动的启迪和人们心智的世俗化中，国王不可称量的权力缩减了。

在二十世纪两次大战的紧张状况下，行政权因其所需要人员和金钱的巨大开支，已变得十分复杂地依赖议会。同时，行政首长被剥夺了几乎所有不可称量的权力：由于担心代表制议会的行动，他受到巨大诱惑以机智取胜或绕过议会，正如富兰克林·罗斯福在第二次世界大战期间所做的那样。自从第一次世界大战以来，当几乎所有的西方国家政府都陷入很大麻烦时，斯堪的纳维亚、低地国家（Low Countries）① 和联合王国比法国、德国、西班牙和意大利都

---

① 低地国家，即荷兰、比利时和卢森堡三国。——译者

显示了更大的持久和维护有自由的秩序的能力。我想，这是意味深长的，至少是具有启发性的。在某种程度上，这可能是因为在共和国中，治权是完全世俗化的，失去了很多威望——如我们愿意，也可以说它被剥夺了所有固有的神圣幻想。

不可称量权力的蒸发，完全依赖议会和选民大众，已扰乱了国家两种功能之间的权力平衡。行政首长丧失了物质的和精神的权力。议会和选民大众获得了对有效权力的垄断。

这场内部的革命已使自由民主国家的宪政制度出现了紊乱。

第六章 极权主义的反革命

1. 前车之鉴

对于给现代民主政治带来灾难的那种无能，通过损害和推翻了它们的反革命（counter revolution）的本质，我们可以学到一些东西。有很多类型的反革命，最突出的是意大利法西斯党、德国国家社会主义（即纳粹主义）、西班牙长枪党[①]、葡萄牙社团主义者和庇隆主义者[②]……除了这些有组织的反革命运动，它们明确宣布反自由反民主性质的学说，在世界很多地方还存在一种非常强烈的废止民主机构背后民主制度的倾向。那些有自由和真正的选举、公民自由得到安全保障的国家仍然是强大的，但它们只占人类的一小部分。

在所有这些反革命运动中,有两个共同的特征。一是政府权力与大众选民分离。在极权主义国家,这是经由不举行自由的选举做到的;在大量非极权主义也非民主的国家,这是经由控制选举和选举舞弊做到的。

反革命的另一个共同特征是从选民、政党和政党领袖手里夺走政治权力,将其交给了与人民群众不同、经特殊训练和特殊宣誓的一群精英分子。极权主义革命通常清除掉旧政权的精英,然后征召它们自己的精英。这些人是经过特别训练、特别愿意献身和有高度纪律性的人。在别的地方,当自由民主制度失败时,新统治者来自旧的权势精英——军官、教士、高层官僚和外交团队、大学教授。

在对民主国家实践失败的反应中,我们总能发现选举进程降到最低程度或完全取消,而行政权力落入了——通常均获得民主赞同——有特殊训练和对统治国家一事有特殊个人

---

① 长枪党(Falangist)是1933年在西班牙成立的一个法西斯政党,在西班牙内战时期(1936—1939),帮助推翻共和政府,成为佛朗哥政府的唯一执政党。1977年长枪党被正式取缔。——译者
② 庇隆主义者(Peronist),以庇隆命名。庇隆(Juan Domingo Peron, 1895—1974),阿根廷民粹主义政治家,曾三度出任阿根廷总统。——译者

承当的人手中，这是意味深长的一件事。在削弱了的民主政治中，政治家都是没有确切任期的人，极少有例外。很多最重要的角色都是生手、临时演员和业余者。当一场反革命把他们拉下马后，其继承者几乎肯定要么是新革命政党的精英，要么是来自前民主机构像军队、教会和官僚体系的精英。

以不同的方式——在意识形态上可能是世界相反的两端——后民主统治者是同人民大众分离的。当他们不分离时，那只是因为他们拥有权力逮捕他人并枪杀他人。他们执掌那种权力时间不会太长。他们同时具有一种神圣的灵气，使别人服从他们。这种灵气从人民的信念中产生，认为他们已遵从了一种准则，处于一种风纪之下，由于这种准则和风纪，他们献身于超越他们个人欲望和自我生命的诸目标。

2. 一个预测

反革命的性质反映了现代自由民主国家的重大缺陷。正如我所说，这一缺陷是行政治理功能的削弱和几乎瘫痪。一方面，反革命的猛药是需要的，以制止选举过程蚕食和侵犯政府；另一方面，它不但付诸政府以所有物质力量，而且给予不可称量的神圣权力。

治理一个国家而又不给人民大众以充分代表权是可能的；但要持久下去而又没有一个能够而且确实在治理的政府，那是不可能的。因此，如果发现他们必须在如下二者之间作选择，即他们是否将由一个无力治理的议会来代表，或是他们将得到治理但得不到代表，如何来决定这一问题，那是毫无疑问的：他们将选择权威，而非自由，前者一定是家长式的，后者势必引起阋墙之争，因为大型社会得不到治理是不行的。没有一种自由和民主理想会被允许长久阻碍社会得到治理。

现代民主国家的境况是严重的。它们在本世纪遭受了巨大灾难，这些灾难的后果正在混合它们自身。结局尚未可知。民主可安然生存，而且是安然地民主的那种世界，已经委顿。它仍在委顿沉沦。因为，在本世纪使民主政治无从实行的失序，若说有任何改变，正随着时间的推移而变得更有毒害。

治理方面持续的实践失败——没人能说以什么形式，在何种旗号下——将导致建立强政府的反革命行动。可供选择的是抵抗和扭转走向反革命的滑坡道。这是一种更为困难的方式。它要求大众同意采取激烈措施，这些措施将恢复足够强有力的政府，这个政府足以抵制议会和大众意见的蚕食，足以保障个人自由抵御群众的压力。

试图预测通过如此这般的内部复兴和再生或反革命是否能解决民主国家的危机，那是愚蠢的。无疑，在那些饥馑穷困的国家里，反革命的危险更大。无疑，在那些作为西方社会公共哲学的文明传统根深日久的国家，复兴和再生的前景最佳。

第七章　自由民主的敌人

1. 自由主义与雅各宾主义

我们正生活在一个民众反自由民主的反革命时代中。它是西方应对二十世纪的不幸和焦虑遭遇失败的一个反应。自由民主国家曾尝试，而且发现了缺陷——不仅在于战争和动荡时期成功治理的能力，而且在于保卫和维护隐含于自由生活方式背后的政治哲学的能力。

如果我们回到十八世纪自由民主运动之始，我们可以区别出两种相反的发展路线。一种是自由宪政民主进步的方式，另一种是趋向极权主义形态的不健全路线。[①]

托克维尔是最早认识到正在发生什么的人之一。他预先看到了"民主国家正受到一种压力的威胁……一种世界上前所未见的压力"。尤有进者,他看到了健康的民主和病态发展的民主之间最初的差别。

1833年,在他的美国之行(在那次旅行中他预见到了对大众民主的威胁)后,托克维尔访问了英国。[②] 在那里,他注意到英国贵族的态度和法国旧政权(Ancien Régime)的贵族(noblesse)之间的对照,前者的贵族正在使自己适应新获选举权的选民大众。

他接下去这样写道:

> ……从很早开始,英国和法国统治阶级的行为之间就存在根本性的差异。贵族作为中世纪社会的基石,在英国展现出与其他社会集团融合的殊异能力;而在法国

---

① Cf. J. C. Talmon, *The Rise of Totalitarian Democracy*.
② 托克维尔并没有就英国写一本书,因为他已经写了美国,而且后来还要写法国。直到最近,当爱达·芝玛赫小姐在1951年7月号《政治评论》(第13卷第3期)上发表了《托克维尔论英国》一文后,他关于英国的看法才被人看到。这篇颇具价值的文章是根据托克维尔的通信和笔记写成的。芝玛赫小姐称:"与他关于美国和法国的看法不同,他关于美法的看法是在长卷中以清晰的形式论述的,他关于英国的想法是更为印象式的,没有特别的次序,散载在几册通信中,有时出现于《旅行杂志》(*Journal de Voyage*),有时是在大的系统性论著中的旁注,以比较和对比的方式,强调和解释一种思想趋势。"

公共哲学 | 071

则相反，倾向于自我封闭和固守其出身的原初纯粹性。

在中世纪初，整个西欧都有一个相似的社会体系。但在中世纪的某个时间，人们无法确知何时，一个孕育着巨大后果的变化发生于不列颠群岛，而且仅发生于不列颠群岛——英国贵族发展为开放的贵族制度，而欧洲大陆的贵族则固执地守在阶级的严密限制之内。

托克维尔称，这是英国历史上最具革命性的事实，他声称他是第一个发现其重要性并把握其全部意义的人。确实，这是对当时的条件一个深刻而具启示性的观察，这些条件哪些有利于民主健康和进步的演进，哪些又使之不健全和退化。关键的差别在于我们可以称为同化于统治阶级的公民权赋予——例如在英国，以及推翻和取代统治阶级的公民权赋予——例如在法国。在前者，政府依旧存在但变得更负责、反应更快；在后者，政府被推翻，统治阶级被扫地出门。

尽管两种演进方式似乎目标相同——在民治政府下一个具有自由制度的社会——其实迥然不同，且结果也判然有别。

第一种方式，即同化，预设了一个原则上已经有宪法的国家，在法律之下它已无法独断专行，尽管这些法律可能不公正、不平等。在这一立宪国家，越来越多的人被吸收进统治阶级和有投票权的选民。当最终所有的人都有平等的机会进入政府和得到代表时，不平等、不公正的法律便得到修改。广而言之，这是英国在国内走向民主社会的工作理论，在英联邦和大英帝国范围内也是如此。这也是美国宪法主要起草者们的工作理论，而且也是——尽管少有人欢迎——他们看待成年男性人口投票权问题的方式。

另一种方式是雅各宾革命。人民通过推翻统治阶级，消灭其特权而获得权力。这是十八世纪法国思想家所发展的民主革命学说，被法国大革命中的雅各宾党付诸实践。在其英国的化身中，该学说以激进主义（Radicalism）闻名。在美国，尽管它有早先的门徒，著名的有托马斯·潘恩（Thomas Paine），直到建国之父的时代过去以后，直到安德鲁·杰克逊（Andrew Jackson）的时代，雅各宾学说才成为美国民主流行的政治信条。

雅各宾的哲学建基于一种关于人类社会的理念，对此百科全书派的霍尔巴赫（Holbach）是这样说的：

> 在地球的表面上，我们只看到无能的不公的君主，因为奢侈而身体衰弱，受谄媚而变得腐化，由于不受处分的特权而致堕落，毫无才干、道德或美德。①

事实上，霍尔巴赫在地球表面上所看到的是法国宫廷——那时是欧洲最强大的，也是其他较小宫廷的模范。当他写作时，欧洲大陆上的任何人要想象一个国王或统治阶级（如他所见生活于凡尔赛宫廷中的）不是专断、无能、腐败、不可教、漠不关心，那都是十分困难的。

"你想知道我们几乎所有不幸的简单故事吗？"狄德罗（Diderot）问道。就在这儿。自然人存在着，在自然人中介入了人为的人，于是在人的内部发生了内战，终其一生……如果你企图成为他的暴君……你尽量用反天

---

① Cited in Hippolyte A. Taine, *The Ancient Régime* (1888), p. 220.

性的道德理论去毒害他;用各种桎梏束缚他;用千百种障碍阻挡他的行动;把幽灵置于他的四周来恐吓他。你愿见他幸福自由么?不要干扰他的事务……我请求每一种文化的、宗教的和政治的机构,对此细加审察,如果我无不对,你会发现若干世纪后,人类将受铁链束缚,此为一小群恶徒选择来强加于人群的……注意那个企图建立秩序的人,发布命令即是通过给别人痛苦而获得对他们的统治。①

如果我们把这一段话的语气跟革命者的另一标识性作品《独立宣言》相比较,我们一定会因狄德罗的虚无主义(nihilism)而吃惊。狄德罗被法国统治阶级的僵硬所激怒,产生了一种盲目的破坏性的绝望。他从身受痛苦的当时政府加以判断,感到任何政府都无法有所作为,除非废止它。

另一方面,杰斐逊及其同事是对政府感兴趣的。他们因被否定了代表和参与的权利而处于反叛中,假如他们生活在英

---

① Cited in Hippolyte A. Taine, *The Ancient Régime* (1888), pp. 220-221.

国,这些权利像同一国王的其他臣民一样,本是他们已享有的。美国人反对乔治三世的"僭取权力",并非反对如是的权威,而是反对滥用权威。美国的革命者事实上参与了殖民政府。他们想扮演领导性角色,而他们在新政府中的确如此。远非希望推翻政府的权威,或如狄德罗那样否定和颠覆权威的道德基础,他们的反对首先是进入,然后是拥有政府机关。

当他们宣布"一个君主(乔治三世)的品性在每一个行动上皆表现为一个暴君,他便不适为自由人民的统治者"时,他们没说无人适合充当自由人民的统治者。他们感染了英国人的观念,即统治阶级必须学会接受新成员以分享其特权。美国革命者自己就是新成员,他们被不公正地,事实上非法地,排除出了殖民政府。当他们推翻了英王的政府后,就自己来统治殖民地。他们并非虚无主义者,因为对于那种人而言,推翻君主的革命行为是一切的高潮和极致。

2. 革命的范式

在这两种对立的哲学中,雅各宾主义几乎到处占优势。

对于那些过去被排除出统治阶级、直到最近才获得选举权、在治理国家的事务中没有份、个人也不期望被召唤去承担政府责任的人来说，雅各宾主义是一种现成的哲学。正如托克维尔的观察所解释的，雅各宾学说是对阶级政府的一个明显反动。当不对渐进改革和赋予选举权开放时，一场革命性的冲突就是最为可能的了。

雅各宾学说是对神圣不可侵犯的统治阶级和要求伸冤、改正他们在太阳底下地位的被排斥者之间的革命性冲突而言说的。尽管它自认为是一种政治哲学（a political philosophy），事实上它并非一种政府哲学（a philosophy of government）。它是一个福音，也是革命的战略。它宣布了一个诺言，即通过革命行动，推翻统治阶级的征伐将创造一个好社会。

这一教条的特质是革命本身就是创造性行为。因为革命是极致和高潮，斗争中的所有行为和牺牲都导向革命。革命行为将消除人类社会中罪恶的起因。这一公式对唤醒、保持和组织人类为革命而奋斗的力量是何等有效，这是一再得到证明的：宣布社会中的邪恶是由少数人——教士、贵族、资本家、帝国主义者、自由主义者、外国人——强加给多数人的,当纯粹的多数人清除了邪恶的少数人之后,邪恶将会消失。

公式是这样的:当群众对少数人的革命胜利后,将出现无阶级的社会,没有强制和暴力,所有人都有自由。任何时候当有革命的条件——就是说,当必要的改革遭到拒绝时,这一公式将再次出现。它是那些反叛者的战略,他们的不满未得到消除。统治者将受到攻击。他们是孤立的,他们是少数,因而他们并非不能征服。他们负有人们所有痛苦和不满之全部罪恶。铲除他们就是医治所有弊害。因而,推翻他们(这是可行的)值得作出一切牺牲。由于邪恶的少数被推翻后世界将是美好的,没有必要怀疑和争执,如果革命者不得不对革命后世界的问题作出严肃的实际决定,他们中间就会产生怀疑和争执。

"你们被召集,"巴雷尔(Barrère)对国民议会说,"是为了给历史一个新的开端。"[1] 正如泰纳(Taine)所说,这

---

[1] Cited in Hippolyte A. Taine, *The Ancient Régime* (1888), p. 232.

将通过剥去人之为人的外衣来完成，所有这类人造的性质，使他成为"教士或俗人，贵族或平民，君主或百姓，产主或无产者，无知者或饱学之士"。为了其自私和恶意的目的而使人穿上这些外衣的现存当局必须走人。当局必须走人，外衣必须剥去，然后留下的是"人自己，在所有条件下，在所有情形中，在所有国家内，自古至今，都一样"。

这些自然人将十分不同于现在生活于世界上的堕落而畸形的可怜人。他们将是堕落前的亚当——亚当的堕落是由于暴君和教士的奸计，而不是他自己的不服从。伏尔泰在谈到旧政权时说，让这个"不名誉的东西"及其支持者遭受毁灭吧。然后孔多塞（Condorset）欢跃地补充道，"暴君和奴隶，与教士及其无知而虚伪的工具们"将消失，只有"除理性外不知有任何主人的自由人"。[1]

要欣赏这些观念强大的影响，我们必须认识到，卢梭（Rousseau）及其雅各宾门徒没说"除了教士和贵族"，十八世纪的所有法国人都是理性的好人。那也许是头脑最简单的

---

[1] Cited in Hippolyte A. Taine, *The Ancient Régime* (1888), p. 231.

人从雅各宾派的演说中得到的印象。但是假如这一理论代表着显然与常识和普通经验相反的东西,那么它绝不可能成为民主国家的政治宗教,然而事实上它却成为了这样的政治宗教。

卢梭的教条认为人性本善,这并未使他敬爱他的同胞。在其《论人类不平等的起源》中,他描述一个文明人之内心的文字,即使心肠强硬如约翰·亚当斯(John Adams),也觉得"黑暗和可怕得无法引述"。[①]

对卢梭而言,正如对在他之前生活于日内瓦的约翰·加尔文(John Calvin),人类因其欲望和侵略性而堕落。新学说的力量在于它是一种赎罪和新生的福音。曾经有罪的人可能变好。雅各宾主义事实上是一种基督教异端——或许是阿里乌教派[②]后最有影响的。

这种教义宣扬的是赎罪的需要,它之所以被接受,全赖

---

① John Adams, *A Defense of the Constitution of Government of the United States of America* (1787), from the *Life and Works of John Adams* (edited with *The Life* by Charles Francis Adams, 1851), Vol. IV, p. 409.
② 阿里乌教派(Arian)是希腊基督教神学家阿里乌(Arius, 256? —336 A.D.)创立的,其教义宣扬耶稣并非与上帝相同的圣体,而是最佳创造物,被视为异端。——译者

西欧和北美人民的基督教教育铺路。像圣保罗一样，雅各宾派许诺新的人类将"受精神的引领"而不受"法律的约束"。但在雅各宾派的福音中，这一转变经由从权威解放出来的革命行动而实现。宗教目的将达到，但不必经由宗教经验。在每人自己新生的劳动中，将不会有灵魂的黑夜。代之而起的将是骚动、罢工、投票和夺取政治权力。一个巨大的公众集体赎罪，将代替个人灵魂的内部挣扎。

3. 民主教育

自从新福音宣布以来，我们已经看到了效果。后革命之人获得了公民权和解放，并没有成为"新人"（New Man）。他是过去的亚当。然而民主社会的未来却押宝于雅各宾派的福音的许诺和预测上。

因为在新获投票权的大众民主国家，雅各宾学说已充溢大众教育理论。在美国及在西方世界较新的自由民主国家，雅各宾异端尽管并非未受挑战也非普世，却是学校中流行和支配性的理论。

它的流行是很容易解释的。它许诺解决若非如此则几乎无法解决的问题——如何快速和充分地教育不断扩大的群众，他们正失去与西方社会传统的联系。过去一百五十年间人口的爆炸性增长，过去五十年间公民权的获得，家庭、教会和地方社区纽带的解体或至少是急剧的削弱，合在一起对学校提出了几乎无法达到的要求。

学校不仅必须教给日益增多的大群学生以艺术和科学，它们也必须站在家庭、家庭经济、教会和定居社区的位置上行动，还要做传统和文明生活各项纪律的担负者。学校系统能做的从未接近过对它提出的要求。招聘和培训足够的教师、支持足够的学校和学院、提供足够的奖学金给所有儿童平等的机会，现代民主国家从未愿意付出代价。

雅各宾学说没有解决这一大众教育问题——正如它没有解决甚或说明如何建设和治理革命以后将会存在的乌托邦社会这一问题。它做到的是对这些未解决问题的逃避。它断言，在政治中，国家将消亡，如何治理国家的问题将不复存在。对于民主的学校，它断言不存在供给需求的问题：因为学校中几乎没有什么是必须教的，几乎不需要努力去学习它。

在对博蒙主教（Archbishop de Beaumont）责难他的书《爱弥儿》的答复中，卢梭说："所有道德的根本原则是，人是天性本善的，热爱正义和秩序：在人心中没有任何原初的邪恶，天性的第一行动总是对的。"①

因此，卢梭的弟子、著名教育家裴斯泰洛齐（Pestalozzi）说"在新生的婴孩中潜藏有那些天赋，它们将在生命中展开"②时，他的意思是将要展开的潜藏的天赋都是善的。唯有善的天赋，很显然，是先天遗传的。相反，恶的天赋都是后天获得的。因此裴斯泰洛齐的弟子福禄培尔（Froebel）说："还年幼的人，即使仍然像自然的产物般无意识，也正确无疑地希冀着于他最佳的东西。"③

当然，福禄培尔无法证明婴儿能确知任何东西。卢梭也不知道如何证明人心中不存在邪恶（perversity），天性的第

---

① J. J. Rousseau, "Lettre à C. de Beaumont," in Oeuvres Complètes de J. J. Rousseau, edited by P. R. Auguis (Paris, Dalibon, 1824 - 1825), Vol. 7, p. 44. Translation from Geoffrey O'Connell, *Naturalism in American Education* (1938), p. 23.
② J. H. Pestalozzi, address on his birthday in 1818, cited in the *Encyclopedia of Religion and Ethics*, Vol. V, p. 166.
③ F. W. A. Froebel, *Education of Man*, Sec. 8.

一行动总是对的。但如果这些都是确实的话，它就简化了新生民主国家的各种难题。这是多神奇啊！如果人类不必痛苦地学习求知，如果人类天生地具有必要的善良天赋，如果人类的第一意向都是对的，如果人类自孩提时代开始就不知不觉地然而是确定无疑地希冀于他最佳的东西，那么在事情的本质中就具有一种保证，即民治政府必定成功。

最佳的政府将是治理最少的政府，因此，在治理的艺术中只要求最简单的训练和经验。民主的最佳教育将是一种最少的训练、教训和教育。因为必要的才干是天赋的，太多的教育反可能使之败坏，但不会由于缺少教育而使天赋衰退。此外，并没有要求学校去传授任何公共知识和公共哲学。因此，并没有信仰和道德不当问题，对这类问题要求民众有一致看法是无望的。从课程中可以把与信仰和道德有关的所有学科课程都去掉。因而，教育可以使个人在其职业生涯中有所成就，至于其他一切事情则可依赖人们本能的正直和公正。

这是一种方便且看似可信的逃避现实的方法。裴斯泰洛齐是这样描述它的……

健全的教育在我看来象征着一株植在肥水近旁的树。一颗小种子，它含有这株树的全貌，它的形状和比例，被植在土中。瞧，它如何萌芽，长成树干，发枝，长叶，开花，结果！整株树是一种有机组织的不可间断的连锁，它的计划存在于其种子与根部。人就像树。在新生的婴孩中潜藏有那些天赋，它们将在生命中展开。

这一比喻很清楚地显示了雅各宾理论如何妨碍教育。按照裴斯泰洛齐的说法，人类似植在肥水近旁的树，人似树同政治和教育的问题毫无关联。因为不管树所植之处的近旁之水多肥，这株树绝不会长成像裴斯泰洛齐那样，撰述有关树之教育的论文，论如何从所有小树培植成最佳之树。树绝不会关心应否将其小树植在最肥的水边。简言之，一株树的教育者不是另一株树。树的教育者，那个把它植在肥水近旁的人，是一个与树完全不同的生物，树不可能知道他的存在。然而如果树像人，注意到这类事情，则栽培树的教师将被奉为树神而受到崇拜。

裴斯泰洛齐的树木实际上是一幅画，是雅各宾派理论所创造的教育真空的生动的讽刺画。树木的传统是经由种子传授的，而老树不能教，幼树不能学。每一棵树都自己存在，如果碰巧长在肥水旁边，则尽可能从肥水中吸收养料。现在，如果人的教育立基于这一概念，它一定不能传授一个文明社会的道德体系以及心理结构。仅依赖人类第一天性自然冲动的内在确实性，雅各宾理论抛弃了教化后的第二天性，抛弃了冲动的主宰者，而与社会的最大需要相契合的正是它。这一理论推翻了每个人内在的主宰——他以其"高贵的和国家的法则"控制其"暴躁的和贪欲的力量"。

当人的心理中理性不再代表社会，那么它就成为了欲望、贪求和激情的工具。正如威廉·戈德温（William Godwin）在 1798 年所说："理性完全受限于调节欲望的不同目的间的对比，以及寻求达到这些目的的最成功方法。"[①]一百多年后的 1911 年，威廉·麦独孤（William MacDougal）

[①] 引自提出他拟撰写著作的一份备忘录。Reproduced in C. K. Paul, *William Godwin: His Friends and Contemporaries*. (Boston, 1876), Vol. I, p. 294.

教授这样说道："本能的冲动决定所有活动的目标……最高度发展的思维的所有复杂的智力机能都只不过是……那些冲动寻求其满足的工具……"① 或者，如萧伯纳（Bernard Shaw）所说："正确推理的能力永远是我们所要的，因为只有经由正确的推理我们才能估计我们的行动，而做我们想做的事——即实现我们的欲望。"②

如果理性的作用只是作为每一个人事业的工具，那么学校的使命就是培养胜任的事业家。它们必须教授成功之道，而这——以社交礼节以及某些公民的爱国劝诫相调和——就是教育的主旨。学生选择这些科目，想将来助其事业成功。其他都是多余的，不存在他需要拥有的一般知识体系和公共哲学这类东西。

4. 禁地的超越

这是实情的根源，最终的问题正在这里。人是否能像神

---

① William MacDougal, *Social Psychology* (London, Methuen & Co., 1950), p. 38.
② G. B. Shaw, *Quintessence of Ibsenism* (1891), p. 15.

那样来受命建立地上天国？如果我们相信他们可以，那就会出现如下情形：要完成他们的使命，他们必须像神一样无所不能。他们必须是心有嫉妒的神，垄断权力、摧毁对手、迫使人们忠诚。家庭、教会、学校、公司、工会、合作社、自愿组织以及所有艺术和科学，都必须是他们的仆人。异议和偏离就是叛逆，缄默不语就是渎圣。

但垄断一切权力还不够。旧的亚当依然存在。除非他们能重塑堕落的人的本性，否则自我选择的众神就无法创造地上天国。在十八世纪的雅各宾福音中，甚至在十九世纪马克思的福音中，当人为的衣裳被剥去——一旦他被革命行动从教士、贵族和资产阶级强加给他的畸形（deformation）中解放出来——后，新人就会出现。一百年后，仍然无处得见这新人。于是，早先柔软的福音就让位给了后来的无比强硬的福音。新人和新的地上天堂要求重塑之前的旧人。

然而要这样做，人类之种必须得到改变——若失败，则予以消灭。诚如汉娜·阿伦特（Hannah Arendt）所说，命运要求致命的神使还存在的人类成为"律法之积极可靠的传达者，舍此人类只能被动地勉强服从这律法"。[①]

在其献身者眼里，这并不是一个非人道和魔鬼式的学说。它高于和超越了人性。它是给予其福音所宣布的超人的。冷酷无情、独断专行和残酷行为都不是可怕的邪恶。对于在地上建立巍峨的天国，它们是自然和必要的，正如麻雀的掉落那样是先定的。

这一问题在理性的话语之外也得到了讨论。正如理查德·胡克（Richard Hooker）在谈到三个世纪前清教革命时所说的，当人们相信"依照全能上帝的绝对命令"而行动时，他们的教条"须被接受……虽然接受了这一教条后世界须完全颠倒过来"。② 同神圣知识和神圣使命的冒充者，没有讨论的余地。他们被骄傲的罪恶迷住了心窍，他们已屈服于永恒的诱惑。这是最大的邪恶，正为文明社会的传统严阵以待着。

这里是"致命的原罪"，是撒旦诱惑夏娃偷吃的禁果：

---

① Hannah Arendt, *Ideology and Terror*; *A Novel Form of Government*. From the *Review of Politics* (published at the University of Notre Dame, July 1953), Vol. XV, No. 3.
② *Of the Laws of Ecclesiastical Polity*. In Vol. I, *The Works of Richard Hooker*, edited by J. Keble (second edition, Oxford University, 1841), Preface, Chapter 8, Sec. 5, p. 182.

尝了这个，今后在诸神中你自己将成为一个女神。①

正如亚当对但丁所说，试尝了此树即是"超越了禁地"。②

埃斯库罗斯③说，宙斯

……是刚愎意志的惩戒者

他用严厉的手段惩治。

是故，任你君主的教师，

以合理的规劝使他醒悟

让他存虚怀若谷的心地

摒弃那一份骄傲的罪恶，

因为此罪恶激怒大神。④

---

① *Paradise Lost*. In *The Poetical Works of John Milton*, Bk. V, lines 77 - 78.
② *Divine Comedy*, translated by C. E. Norton (1941), *Paradise*, Canto XXVI, verse 117.
③ 埃斯库罗斯，古希腊三大悲剧作家之一。——译者
④ *The Persians*, Lines 828 - 836.

人们以为他们是神这一妄想——托辞说他们有一个任务要完成，好像他们是神——照埃斯库罗斯所说，是"孩童式思想的盲目傲慢"。它可以成为"病态思想的真正疯狂"。然而它并非一种晚近的新传染病，而是我们第一天性的癖性，我们天生的未开化自我的癖性。人类作为野蛮人的时间远比他们文明化的时间要长。他们仅仅是危险地文明化了，而在我们的内心有一种倾向，有似重力作用一般持久，在压力与推力之下，在疏忽或引诱之下，倾向于我们的第一天性。

卢梭和雅各宾派、马克思和十九世纪的社会主义者，并没有把新的冲动和激情输入人类。他们是利用和加剧了总是存在的冲动和激情。在文明的传统中，人的第二和更理性的天性必须主宰他的第一和更基本的天性。

雅各宾派及其后继者创立了一个建立在文明倒转基础上的政治宗教。他们并不控制基本的冲动，而是刺激和武装它们。他们并不把伪装成神视为致命的原罪，反而宣称其为光荣和人的使命。在这一福音之上，他们建立了一个群众蹿升并掌握权力的民众宗教。二十世纪强硬极权的雅各宾主义者，将这一运动及其福音的逻辑意涵推向前进直至苦涩的结局。

这苦涩的结局是什么呢？它是一种与人类境况的永恒战争：反对人类有限性的战争，反对有限人类道德目的的战争，因此是反对自由、反对正义、反对法律和反对良善社会之秩序的战争——而这一切保存在文明的传统中，明白地表现在公共哲学中。

第二部

公共哲学

第八章 公共哲学的遮蔽

1. 论观念的功效

有一些人以哲学家的话为佐证,会说心地敏感者的特有幻觉是他们相信哲学。能者为之;不能者说教和空谈理论。作为职业理论家,他们夸大了观念的功效,这些观念并无量与能,只是虚无缥缈的东西,只是物质与力量、习惯和欲望、机器和军队等所组成的实存世界的阴影。

然而这一幻觉,如果真是幻觉,却过度顽强。要从我们生活和存在的常识中消除它是不可能的。在熟悉而明白的世界中,我们不能好似观念没有后果那样行动。如果我们不相信经政党、报纸、书籍、广播、学校和教会努力后事情会变得有所不同，那么公共生活全部繁复的劳作和激情将变得毫无意义。他们所有的努力都将无关紧要，事实上毫无意义，正如争辩该侍奉尼布甲尼撒王①什么作为明日的早餐一样。

在实践中，最彻底的怀疑论者也不能一笔抹杀——认为观念没有重要性，因而没有所谓好的观念或坏的观念、真的观念或假的观念。原因是存在无法逃避、不容置疑的经验事实，即我们常常犯错，而错误的行为关系重大。

我们身体的化学绝不会错误。一种化学元素对另一种化学元素的反应总是对的，不会被错误报道、非真相和幻觉所误导。医生对其病人的化学组成可能错估，不能检查出使他诊断失实的物质。但只有医生可能出错，化学过程不会。

人为什么会犯错误？因为人类行为的一个重要部分是对他们头脑中图像的反应。人类行为的发生关联着一个伪环境——一种他们假想为事物客观存在的图像，任何两个人的图像都不完全相同——事物的现实。② 这一人造的文化环境

---

① 尼布甲尼撒（Nebuchadnezzar, 604? —562B. C.），巴比伦国王，曾攻占耶路撒冷，焚毁神庙，在位时兴建了巴比伦塔和空中花园。——译者
② 参见我的 *Public Opinion*, Chapters 1 to 10。

存在于人的头脑之中，介入作为生物有机体的人和外部现实之间。在这一领域中，观念发生了效应。它们发生效应是因为人对其观念和意象、对其关于世界的图像和概念作出了反应，仿佛现实般地对待这些图像。

当一个人相信观念是真的或好的，把观念视为现实时，这种在实体界（realm of essence）内虚无缥缈的东西，就在实存世界发生了效应。以这种方式，观念中的信仰确能移山。显然，人的任何观念都无法移动月球上的一座山。然而，如果美国人竟然异想天开，认为除非把派克斯峰①移到芝加哥郊外，否则生命就毫无价值，他们就真能移动派克斯峰。如果他们及他们的后代充分专心于这观念，花上足够长的时间，他们真能做到。

如果移动派克斯峰这一观念仅是宣布和赞许，那么什么都不会发生。就像赢得一场战争的观念一样，这一观念必须成为国家努力的目标和焦点。然后观念会在人们的思想中发生作用，他们投票、他们计划、他们将要筹划工作、他

---

① Pike's Peak，位于美国科罗拉多州中部，海拔 4 301 米，与芝加哥相距甚远。——译者

们将筹措经费、他们将雇用劳工、他们将获得装备——我们还该说——他们将克服反对者对此计划日益增长的抵制。

这是因为观念具有力量组织起人类行为，它们的功效可能很大。当观念作为一个人应该如何行动的意象支配了其品格的形成，给行为留下了长久的组织印记时，观念确实有很大功效。[①] 因为人的各种意象是在品格形成的模子中形塑的，因而它们极具重要性。好的国王、好的朝臣、好的臣民——好的主人和好的奴隶——好公民、好战士、好政治家、好上级、好工人的意象是什么？这些意象非常重要。流行的意象将支配教育。人应该如何生活的意象在实存世界中发生了效应，因为它们是由家庭、学校和社区给予的，它们导致人们"获得一种品格，这种品格使他们依据作为社会或社会内特殊阶级的一分子所必须行动的方式而行动"。他们学会了"想望从事那些客观地说是他们必须做的事情"，而

---

① 我是在艾里希·弗洛姆在其《为自己的人》（*Man for Himself*, 1947, P.49）的意义上使用"品格"一词的，涵义是"在同化和社会化的过程中，人类的精力所导源的一种相对永久的形式"。

"外在的力量"……由他们自身品格的"内在的强制"所替代了。①

这一意义上的教育存在各种限制，对此无需怀疑。但我们不知道它们在何处。也就是说，在后天获得的品格和那些经很久年代进化而来由遗传传授的人类天性、或多或少无法教育的特质之间，不存在清楚明确的界线。我们无法肯定或准确地预见个别的学生在多大程度上是可教育的——或者，当他在婴儿时期已获得某些性格之后，某一教育者遇到他时还能教到什么程度。

然而，不管我们关于这一过程的知识如何粗率和笨拙，无疑品格是经由经历和教育获得的。在我们尚未测出的限制内，人的天性是可铸造的。曾记否，当莎士比亚活着时还没有美国人，当维吉尔（Virgil）② 活着时还没有英国人，当荷马（Homer）③ 活着时还没有罗马人，对此我们能怀疑吗？

---

① Erich Fromm, "Individual and Social Origin of Neurosis," *American Sociological Review*, Vol. 9 (1944), pp. 380-384. Reprinted in Clyde Kluckhohn and Henry Alexander Murray, *Personality in Nature, Society, and Culture* (1948), pp. 407, *et seq*.
② 维吉尔，古罗马诗人。——译者
③ 荷马，古希腊诗人。——译者

十分肯定的是，人们在后天获得了思维方式，感到了我们承认是其族群、国家、阶级和职业的特征并依此行动。此外，比较而言，这些特征是晚近获得的。即使在短暂的历史时间内，品格被获得也被失去，由其他品格取代；尽管人类有共同人性，这仍是造成人类历史无穷变化的主因。

因为人的天性是——如霍金（Hocking）所说——"生命世界最有弹性的部分，最能适应、最能教育"，[1] 它也是具有最坏的适应性、最易误教的。包含良善生活整个构造和组织的文化遗产是被获得的，它也能够遭到拒绝。它可以糟糕地获得；它可能完全不被获得，因为这不是与生俱来的。如果它未从一代传授到另一代，它可能丢失，经过一个黑暗时代确能被遗忘，直到在某处因某种原因人们重新发现它，再次探索世界，重新予以创造。

后天获得的文化不是经由我们的基因传授的，因此这问题总有疑问。好社会的良善生活尽管是可得的，但从来不是一劳永逸地获得和拥有的。于是，如果一个好社会中

---

[1] William Ernest Hocking, *Human Nature and Its Remaking* (1923), p. 15.

良善生活的智慧未得到传授的话,已得到的东西可能再次丢失。

这是西方社会一个中心和关键的境况:各民主国家正在停止获得文明传统,这传统是最佳形态表现为自由民主生活方式的好社会所发源和发展的。民主国家被从治理自由民主社会所需要的公共哲学和政治艺术中切割了。公共哲学的奥秘并未传授给民主国家。民主国家虽在准备了解它,但关切并不那么大。

用汤因比(Toynbee)令人不寒而栗的话来说,它们是其支配的社会"中"的无产阶级,而不是该社会"的"无产阶级。

2. 大真空

我完全意识到,谈论公共哲学就是提出危险的问题,就像打开了潘多拉的魔盒(Pandora's box)。

在西方国家,如默里神父(Father Murray)所说,存在着"多种互不相容的信仰"[①],也存在着许多世俗化和不可知的人。由于要达成一致几无可能，以及公共哲学内容上可以肯定的歧见纷呈，不谈论它们从而不提出这些问题，可算是权宜之计。每个人的信仰都是私人之事，唯有公开的行为才是公共之事，遵从这一规则更为简便易行。

人们可能会说，这个审慎的规则反映并记录了宗教战争的解决条文，以及反对凭借"王位或主权，抑或君权或权力"而在精神领域作威作福这一长期斗争的解决条文。

宗教自由、思想自由和言论自由是经由否认国家和既定教会在宗教、哲学、道德、科学、学术、舆论和良心方面拥有最高垄断权而实现的。自由的宪法以其权利法案确定了主权者——国王、议会、国会、选民——被禁止逾越的界线。

然而十七世纪和十八世纪建立这些伟大有益规则的人，一定会否认社会可以没有一个总的公共哲学。他们自己就是一种公共哲学的支持者——自然法学说（doctrine of natural

---

① John Courtney Murray, S. J., "The Problem of Pluralism in America," in *Thought* (Fordham University, Summer, 1954).

law），它认为在"统治者和主权的人民之上……在整个人类之上"有一条法律。①

文明社会的传统源自这一原则，它最初是由斯多葛派创立的，如厄内斯特·巴克（Ernest Barker）所说：

> 在创造具有普遍效力的法律与秩序的共同观念方面，即可看出人类的理性能力……这一共同观念包括了全人类的自由、平等、友爱或博爱三种价值，作为其三大标识。这一共同观念及其三大标识构成了一种欧洲式观念，至今已逾两千年。这类观念在中世纪即已存在和活动；圣托马斯·阿奎那所建立而深印在人类的内心与天性中自然法至高无上的观念，无论何处国王和立法者都须尊重。从宗教改革时代到法国大革命时代，这类观念以更活泼的姿态存在和发生影响……以洛克（Locke）之言为代表，它们证明了1688年英国革命为正当，又在

---

① Cf. Otto von Gierke, *Political Theories of the Middle Age*, translated with an introduction by Frederick William Maitland (London, Cambridge University Press, 1927), pp. 73 - 87; and more especially note #256. Also cf. Leo Strauss, *Natural Right and History* (1953).

晚近激发了1776年的美国独立战争……在内政领域，它们是国家和政府之正当行为的观念。它们是人类天赋人权的观念——关于政治自由和公民自由，主权实质上归于国家，思想和意见可自由交换；关于在法律面前一律平等，公共开支由国内所有公众平均分担；关于普遍的博爱，这种博爱在实行上可悲地趋向局限于一个国家之内，但有时也可以法令扩展它，以保护所有国家为自由而奋斗。[1]

这些传统在哲学家的论著中得到阐述，在公法学家的评论中得到发扬，由法律家细心研究，在法庭中被实际应用。在极为紧急的时候，一些受到危及的传统被写进文字，如《大宪章》和《独立宣言》。为了指导法官和律师，它们中的大部分都得到了阐述——正如科克勋爵（Lord Coke）对普通法的考述那样。公共哲学在1689年的《权利法案》中部分地得到了阐述。在美国宪法的前十条修正案中，公共哲学得

---

[1] Sir Ernest Barker, *Traditions of Civility* (1948), pp. 10-12.

到了重新确立。公共哲学的大部分从未被明确说明过。作为一个伟大社会绵延多代的智慧，它无法在任一文件中予以表述。但文明社会的传统深入西方各国人民，提供了公私行动的准则，这一准则促进、便利和保护了自由的制度和民主的成长。

我们自由制度的创立者自己就是这公共哲学的支持者。当他们把俗世的权力排除出心灵和精神领域时，他们并不是没有公共哲学。那是因为经验告诉他们，当权力腐化时，公共哲学也会腐化。因此，政治的一条实际规则是，不能把公共哲学的主权和所有权给政府。

然而随着时间推移，西方制度创立者的公共哲学不时兴了。随后，俗世权力应从心灵和精神领域中排除出去这一规则发生了微妙的转变。思想和原则是个人的——只有主观的重要性，这变成了规则。只有存在对公共秩序"清楚的眼前危险"时，公共领域中始有言论和出版法案。所有的一切都被从公共领域中排除了。所有关于人做什么和该做什么，或他在事情的计划方面该注意什么，什么是他的合理目的及合法手段，都成为私人的东西，不需负公共责任。于是，西方自由民主国家就成为最初的伟大社会，把塑造其公民品格的信仰形成视为私事。

这给自由的涵义带来了一个激进的变化。最初，自由建立在如下假设上，即存在一个所有人都同意的普遍秩序：在这一公众对根本和基本问题一致同意的范围内，可安然允许且需要鼓励异议和辩论。但是当公共哲学消失后——一切事情上的共识也消失后——公众心灵上就出现了一个大真空，亟待填补。

只要它有效，不在公共利益范围内看待人们为了终极忠诚所作的努力，就有一种显然的实际好处。这是一种不打开撕裂西方社会各种神学、道德和意识形态问题的潘多拉魔盒的办法。然而在本世纪，当不得不作出困难的决策时，这一审慎规则就不起作用了。只有当普罗大众未对现实严重不满时，权宜之计才起作用。它是一种指向改革和改进的权宜之计。但它设定了一个社会是安全、进步、扩展和不受挑战的。这就是为什么只有在晴朗的维多利亚气候中，在大战的暴风雨阴云聚集之前，处理根本问题的公共不可知论和实际中立论的自由民主政策才是可行的。

3. 对公共哲学的忽视

我们现在进至一个关键问题。且这么说，假如公共哲学的讨论是在自由民主国家中进行的，我们能否假定（尽管这里不作讨论）存在一种公共哲学？是否存在一个好公民所无法否认或忽视的一套积极原则和规则？我写本书的信念是：存在。这一信念是我逐渐形成的，大多并非来自理论教育，而是来自实际经验，即看到了我们的一代使民主运转是何等困难。我相信存在一种公共哲学。确实，存在着文明的公共哲学（public philosophy of civility）这样一种东西。它无需被发现或发明。它是为人所知的，但它必须得到复兴。

这一公共哲学以自然法而闻名，这一名称引起了很大的语义混乱。[①] 这一哲学在西方社会中是制度的前提，而且我相信，这些制度在不支持它的社群中是无法运作的。除非建

[①] Cf. Mortimer Adler, "The Doctrine of Natural Law in Philosophy," *University of Notre Dame Natural Law Proceedings*, Vol. I, pp. 65 - 84.

基于这一哲学的前提之上，否则要达成民选、多数统治、代议制议会、言论自由、忠诚、财产、公司和自愿结社这些可理解、能运作的概念，那是不可能的。这些制度近来已由实行普选的民主国家继承了，它们的创始者无不是自然法各学派的支持者之一。

在我们的时代，建立在这一公共哲学基础之上的制度依然在运作。然而它们是由未曾受教、不再坚持这一哲学的公众在运用的。人民愈来愈疏离于这些制度的内在原则。问题在于这一疏离是否能够被克服、如何克服，文明各传统的裂缝是否和如何得到修补。

不用说，我并不准备论证这裂缝可由新古典的（neo-classical）或新中世纪（neo-medieval）的维新来修补，或由向封建制度、民间舞蹈和手工艺品的某种浪漫回归来修补。我们无法抹去现时代，我们无法退回已使我们如此的历史。我们无法重新开始，就好像科学还没有昌明、理性主义和世俗主义还没有传布、没有工业革命、旧的习惯秩序还没有瓦解、人口没有激增一样。恰当的问题是现代人是否能与失去的文明传统进行至关重要的接触。

事情在表面上明显是不妥协的。在我们现代生活方式中有全新的东西。情感的气候和思想的风格已经大变。现代人将首先需要信服，文明的各传统并不因为它们变得久远而被抛弃。这是他们无信念（unbelief）的根源之一，无可否认也是其深层因素。由于公共哲学是先于近代科学的发达和工业革命而产生的，我们如何能期待提供一种直接和实际有关我们所生活时代的积极学说呢？

你必须承认，看起来的确像那样而且很明显，起初的原则和规则在现时代的境况下，现在无法提供具体的规则和生活方式了。重读从亚里士多德到伯克的政治经典无法为眼前的具体问题提供答案，如迫在眉睫的外交、国防、贸易、税收、价格和工资。经典原著关于汽车修理、小儿麻痹症治疗或核裂变也无话可说。作为忙碌的人们想要知道如何做这或那的手册，它们现在已令人痛惜地过时了。语言是古体的，习惯用语很奇怪，形象是陌生的，实际的规则指向各种已被遗忘的问题。

然而这种无关紧要和年代久远也许是已经落定的尘埃，在这长时间中，哲学家、学者和人民教育者们把公共哲学移交给了雅典人，在他们看来它对现代进步的人们不再有用。它是一种被忽视的哲学。对于好几代人而言，在公共政策的实际讨论中运用这一哲学已是例外而且确实古怪。

这忽视可以很好地解释它被遗弃的境况。如果这就是解释，它将鼓励我们探索复兴问题。现代人能否再次与文明传统进行至关重要的接触？这样的事过去至少发生过一次。在希腊罗马世界中，这些传统曾得到发扬；当西方帝国衰落时，曾在西方淹没。后来在一连串的发现、计划和创造活动中，这些传统得到了复兴、革新和再造。知识的复兴并未给哥伦布发现美洲提供地图，但它确实产生了很多人类智慧，帮助哥伦布及其同时代人发现他们自己及其可能性。

我们或可提醒自己，古代世界不是因为这些传统虚假而被摧毁的。它们是被淹没、忽视和遗失了。因为坚守传统者已成为缩减了的少数人，他们已被那些对此传统陌生的人所取代。那些人从未被传授此传统，也未入赘于此传统。当历史情势明显不同之时，这样的事不会再次发生吗？

4. 理性秩序的普遍法则

巴克说，两千多年间，欧洲思想按照一种观念而行动，此即人类的理性机能足以建立一种具有普遍效力的法律和秩序概念。这一概念首先是由芝诺（Zeno）和斯多葛派建立为一种理论的。它被罗马的法学家们吸收，被基督教神父们采用，由圣托马斯·阿奎那重建和再造，自文艺复兴和宗教改革后，以一种新的方式为1688年英国革命和1776年美国独立战争提供了行动哲学。这一观念生命之长，以及除此之外它在各个时代的一再复兴，似乎证明它反映出了一种普遍而一再显现的人类需要——即当面对一再显现的政治难题时，此观念涉及实际的政策问题。

此一观念并不是痴人说梦，这已被历史所证明。巴克告诉我们，在公元前330年，亚历山大大帝正在规划一个帝国，在其中，他同时是希腊人和波斯人之主，希腊人和波斯人同样得服兵役，被鼓励通婚。这是一个革命性的观念。当时正在吕克昂学园讲学的亚里士多德劝告亚历山大大帝不要实行把希腊人和野蛮人这两个世界带进同一个政治体系的政策。亚里士多德建议亚历山大大帝做希腊人的领袖而做波斯人的主人。

但亚历山大大帝拒绝了这个建议，当然他有实际的理由，也许还有理想上的理由。他"所行政策的精神以后曾由埃拉托色尼（Eratosthenes，下一世纪的亚历山大里亚学派学者）加以阐述，他'拒绝同意把人类划分为希腊人和野蛮人……宣布把人分为好坏两种更好些'"。①

通过实行这一政策，亚历山大大帝期望付诸行动的是芝诺和斯多葛派不久就将教导的——正如普鲁塔克（Plutarch）很久以后所写的，"人类不该在那么多市民共和国中生活，由不同的司法制度相分离；他们应召唤所有人为其同胞，应该是同一种生活和秩序（cosmos），正如一群羊在一座共同的牧场内，在一种共同的规律下共同饲养"。②

这里我们必须细论一个事实，亚历山大大帝期望行动的

---

① Ernest Barker, Introduction to his translation of *Aristotle's Politics* (1946), p. lix.
② *Ibid.*, lix‑lx. 参见圣保罗（Saint Paul）论单一教会，"它既不是希腊的也非犹太的……野蛮人的、西徐亚人的，既非受约束也非自由"。

是芝诺和斯多葛派不久就将教导的东西。这表明，一种理性秩序的观念不仅是一个有吸引力的崇高的概念，而且是治理大而异质的国家所必要的假定。尽管亚里士多德所教相反，亚历山大大帝还是如此行事了。他的实际经验驱使他将其放在帝国中来看，这个帝国既包括波斯人又包括希腊人，必须有对二者都有效的共同的法律。要对希腊人和波斯人都有效，这法律必须在很大程度上获得他们的同意，不能只是指挥和强制波斯人。

事实上，这些法律是由亚历山大大帝向波斯人颁布的，而亚历山大大帝是希腊人，有必要使波斯人相信，亚历山大大帝的法律反映了某种高于希腊人意志和愿望的东西，一种对希腊人和波斯人都具有约束力的东西。那种东西是以理性区分善恶的能力，因为这种能力不是希腊人所独有的，而是波斯人和希腊人共有的。

亚历山大大帝在经验上发现了芝诺将要在理论上阐述的东西——即若不认识到超越其多元利益之上存在着一个具有共同法律的理性秩序的话，一个大的多元社会是无法得到治理的。这共同法律是"自然的"，意即可由任何理性心智发现，它不是主权权力任意和武断的独断命令。① 这是必要的假定，没有它，具有相互竞争利益的不同人民要在一个共同体内和平和自由地共存是不可能的。

罗马法学家们拟订了亚历山大大帝所期望和斯多葛派所宣扬的理论。巴克说，到西塞罗之时，就有了三种不同的法律体系和概念。② 第一种叫市民法（ius civile），只适用于罗马公民。第二种是商业法律，叫万民法（ius gentium），由罗马法院施行于所有商业案件，即"帝国内契约性的共同法律"。③

这国际法意图包括所有国家的法律中共同的和普遍的法律，与特殊的和地方的法律分离。在商业交往的这一实际的共同法律之外，罗马法学家们认识到，在理论上也存在自然法（ius naturale），它是"共同人性所加于人类的法律，即来自理性对人类需求和本能的反应"。④ 巴克说，这不是

---

① Cf. Otto von Gierke, *Natural Law and the Theory of Society*, translated with an Introduction by Ernest Barker (1934), Vol. I, pp. 224-225.

② *Ibid.*, p. xxxvi.

③ F. de Zulueta, "The Science of Law," in *The Legacy of Rome*, edited by Cyril Bailey (Oxford, Clarendon Press, 1928), p. 202.

④ *Ibid.*, p. 204.

"一个实体的实际法律,可以在实际的法院中施行的那种"……而是"看待事物的一种方式——法官和法学家内心一种'人道解释'的精神——它可能,也的确,影响实际施行的法律,然而它在发挥影响时本身并不是实际法律"。

普遍理性秩序的观念在罗马法中变得具有实质性和有效性。这是一个伟大社会的法律,的确给西方社会带来了和平与秩序。罗马和平的记忆难忘地印在西方人的意识中。罗马帝国衰亡后,在几乎所有地方都一定程度上得到实践、在各处被讲授的罗马法,被承认为"国际文明的法律,较具普遍性"。[①]

随着 1500 年后新时代的开始,编纂和消化在查士丁尼的《法典》(*Corpus Juris*)中的罗马法,被视为普遍人类理性的具体表达。巴克说,要回答的问题是,"这一自然法观念实际包含或包括的是什么?"在中世纪及其后,到 1500 年后新的自然法学派兴起,回答趋向于:"它包含或包括了全部罗马法。它作为一个整体,既是至高合理的又是普遍流布

[①] F. de Zulueta, "The Science of Law," in *The Legacy of Rome*, edited by Cyril Bailey (Oxford, Clarendon Press, 1928), p. 181.

的，因而是自然的。"①

5. 现时代的裂缝

新的自然法学派繁荣于 1500 至 1800 年间，是对现代多元主义的一种反应；是针对民族国家的兴起，针对教会的分裂，针对各种探险和世界商业的扩张，针对科学和世俗主义的推进，针对劳动的进步分工和专门化。当信仰、观点和利益的多样化扩大时，对共同标准和共同法律的需要也变得更为迫切了。

直到十八世纪末，新的自然法学派才满足这一需求。这么长的时间足以支配英国和美国宪政秩序的建立，以及效法英美的其他国家秩序的建立。但自然法学派无法对付更近代的多元论——产生于工业革命、普选权和人民大众之解放的多元论。

在简单和相对同质的十八世纪社会中，自然法提供了一

---

① Gierke, *op. cit.*, p. xxxix.

个自由国家的各项原则。但随即这种思维模式便过时了。在十九世纪，唤醒旧有观念的努力甚少。这些观念被视为过时、虚假，对民主的兴起怀有敌意，被让渡给了反动派。理性秩序的大参照系不见了。没有确立具体的原则和规则以调节国际关系或者应对工业革命和科学技术发展所提出的问题。

然而，在这个多元化和分化的社会中，一种具有共同和约束性原则的公共哲学比以往任何时候都更为需要。这一需要的根据在于逃避自由的冲动，对此艾里希·弗洛姆描述甚佳。[1] 当人民大众相对于权威的解放带来了关于真假和对错的公共、一般和客观标准的消解时，这冲动变得更为强烈了。1928年，安德烈·纪德（André Gide）写道："我可以向你保证，自由的感觉能使灵魂陷入一种痛苦。"[2]

在两次世界大战之间，吉尔松（Gilson）曾经写道："在其内部，经由直接和个人的经验，我们知道西方文化正在稳

---

[1] Erich Fromm, *Escape from Freedom*.
[2] *The Journals of André Gide*, translated by Justin O'Brien（1947 - 1951），Vol. III, 1928 - 1939，entry for 15 November 1928, p. 26.

步经历消解的过程。"① 类似地，斯宾格勒（Spengler）的名著《西方的没落》首版于1918年，但该书是在一战爆发前写成的。

但直到我们自己时代的历史性灾难出现之时，现代人的孤独和焦虑还是私人性的，没有公共和公开的政治影响。只要公共秩序仍然提供了外部安全，他们的内在安全仍是一件个人、私人和内向之事。自从第一次世界大战期间公共秩序崩溃后，群众再没有安全，任何人再无法安心。

当希特勒观察到了他自己总是生活于其中的公共失序，知道内在失序如何引发逃避的冲动时，他形成了自己的主义。他具有洞察人类弱点的天赋，他在《我的奋斗》中写道，群众"像一个妇人……她将屈服于强人而非驾驭一个懦夫……群众热爱统治者而非恳求者，他们对一种不宽容敌对的主义在内心深处所感到的满足要超过宽大自由的赏赐；他们经常对自由感到不知所措，甚至极易感到自己被抛弃"。②

---

① Etienne Gilson, *The Unity of Philosophical Experience* (1937), p. 271.
② Adolf Hitler, *Mein Kampf* (1939), p. 56.

希特勒计划要支配的群众，是在古代秩序约束的自由中发现不可容忍地丧失了指导和支持的现代人。在纪德看来，他们发现自由的负担是一种太大的焦虑。旧的社会结构在瓦解，他们必须在困苦时期找到出路。他们受到教导去期待一种稳稳的朝向更高生活水平的进步，他们还没有准备好忍受外部世界中漫长危机的挫折及其自我中心孤立的寂寥。

他们是起来反对自由的人，无法对付自由那无法解脱的困难，无法忍受对公共和共同真理中的共有（communion）的否认。他们没有找到对自身需要的答案，他们在本世纪自由民主国家中、在已知的自由原则和实践中没有找到针对其痛苦的疗法。在他们的经验中存在深刻的迷茫，在他们心灵的观念和灵魂的需要之间存在一种深刻的分离。他们已成为里斯曼（Riesman）所描述的"孤独的群众"。[1] 他们是涂尔干（Durkheim）的原子式大众。[2] 他们是汤因比的无产者，是他们所生活社区"的"（of）而非"之中"（in）的人；因为他们在"其物理存在的事实之外在该社区没有'利害关

---

[1] David Riesman, *The Lonely Crowd*.
[2] Emile Durkheim, *Suicide*.

公共哲学

系'"。他们"真正的标志……既非贫困又非出身卑微,而是其来自的意识——以及这一意识激发的不满"。[1] 如卡尔·雅斯贝斯(Karl Jaspers)所说,他们是消解为"无名群众"的人,因为他们"没有一个可靠的世界,没有起源或根基",[2] 也即没有它们可以安身立命的信仰和信念。

---

[1] Arnold Toynbee, *A Study of History* (1951), Vol. I, p. 41; Vol. V, p. 63.

[2] Karl Jaspers, *The Origin and Goal of History*, translated from the German edition of 1949 by Michael Bullock (London, Routledge and Kegan Paul, Ltd., 1953), pp. 127–128.

第九章　公共哲学的复兴

1. 信仰的能力

现代人从自由转身而走，很少不是如释重负，经常还怀抱热情，这自由只是自由的空壳。当前的自由理论认为人所相信的可能是对其重要的，但它几乎没有公共的重要性。自由生活方式的外部防卫建基于反对强制信仰的法律保障。但堡垒是空的，因为公共哲学不见了，自由的保卫者要共同保卫的全部，即是公共中立性和公共不可知论。

然而当我们表明需要公共哲学时，我们如何证明这需要能得到满足呢？[①]我们可以确信，并不是通过规劝——不管你是如何雄辩——以直面当前的重大危险，而悼念已逝的光荣和伟大更无用处。这里的论述所针对的现代人，缺乏能力相信不可见的、不明确的和无法正确估计的事物。

雄辩可以抓住相信的意愿，但相信的意愿并不欠缺。现代的麻烦，是相信限制和约束私人利益和愿望的规则这一能力的欠缺。需要这些约束的信念一旦受到重大破坏后就难以恢复。当然，一个专制政府可以强加各种公共原则。但一个自由社会的公共哲学无法通过法令和强力来恢复。要与支撑社会反常状态的无信仰搏斗，我们必须找到一个办法重建对公共标准有效性的信心。我们必须恢复我们的政治道德所产生的信念。

在流行的大众文化中，所有的哲学都是某人目的的工具，所有真理都是自我中心、以自我为依据，所有的原则都是某种特殊利益的理性化。真假对错没有公共标准，有的只是选民、消费者、读者和听众所组成的普罗大众刚好在那时认为所需要的。

没有理由认为这一思想状态能够得到改变，直到能够

---

① Cf. Leo Strauss, *Natural Right and History* (1953), p. 6.

向现代的怀疑者证明，存在某些原则，当它们被表明时，只有任性的无理性者才会否认，有一些义务约束着致力于一个自由社会的所有人士，只有任性的颠覆者才会拒绝它们。

当我说社会反常状态无法得到纠正，除非能向现代怀疑者证明这些事，我是指怀疑者必须发现这证据使人信服。强迫他同意是无法治疗其怀疑主义的。如果他没有强烈的信仰，他通常将会同意；若他是被迫同意的话，事实是，他被政府或群众强迫，这证明官方学说缺少某种东西，比如证据或理由，以获得充分的信服。在不宽容中产生的烈士们的血液里，是无信仰的种子。

为了修复相信公共哲学的能力，将需要表明公共哲学的实际重要性和效用。要否认其既高又广的普遍性几乎是不可能的。困难在于看到它们如何运用于现代国家的实际事务中。

我们的谈论又回来了：在罗马法学家们拟订国际法并把它与自然法联系起来之前，回到了亚历山大大帝，他懂得一个多元社会对共同法律的紧迫需求；也回到了芝诺，他制订了更高的通则。基于紧迫的实际需要和自我明晰的更高通则，关于现代条件下的好社会（good society），我们能否发展出一个积极的学说？我给予这个问题的回答是，假如公共哲学的观念在明达的领导人心中得到恢复和重建，那么它是可行的。

2. 例证：财产理论

让我们通过把公共哲学应用到我们公共生活中的一些重大问题来检验这件事。

我将从私有财产理论开始——在公共哲学丧失和传统断裂前后。我们可以通过考察布莱克斯通（Blackstone）关于私有财产的论述而方便地这样做。布莱克斯通工作于十八世纪中叶，他的思想是在古典传统中形成的。但布莱克斯通的世界在变动之中，不能把他与运用这一传统应对新情势的创造性努力划等号。

他宣布人的安全是第一，个人自由是第二，而财产是"每一个英国人固有的第三绝对权利"。[①]但作为一个文明人，他不得不比宣布绝对权利做得更多。他"不得不更深入地考察其基础和根据"[2]，在此基础上可以理性地证明其为正当。

在他典雅和散文笔调的字里行间，我想人们可以看到，布莱克斯通迷惑不解。根据他的传统，财产的理性证明是作为一个对应及互惠权利和义务的体系。在公共哲学中，不能享受对财产的绝对权利或对任何影响他人的别的东西有绝对权利。这样宣称是超越法律和文明之边界的。在一个私人财产的主要形式是农业土地的社会中，这一财产观最明白易懂。土地是可见的，土地的出产为众所周知。这适用于相应权利和义务的定义：地主与等级制中他之下的佃农和雇佣工人之间，在他之上与要求征税和服役的最高权力之间。

当财产的主要形式不明确时，定义权利和义务的难度要大得多。当布莱克斯通写作时，英国是一个上升中的商业大国，一个基于土地财产的社会比较简单的问题已经被一个所

---

[1] Sir William Blackstone, *Commentaries on the Laws of England*, Book I, Chapter I.
[2] Ibid., II, I.

拥有的财产表现为货币、票据、股票和债券经济的问题所接管。人们很容易宣称对不明确财产的权利，但难以定义不明确财产的义务。然而如不那样做，财产将无法置于一般法律之下。

布莱克斯通在某种意义上是一个悲剧性的人物，由于他的教育，他倾向于认为正确方向是努力把不明确财产置于公共标准之下。但由于这样或那样的原因，他没有这样做。他反而感到困惑。他知道，"没有东西……如此普遍地……对人类的影响"有如"那唯一的和专有的主权，一个人对世界的外在事物所要求和行使的主权，完全排斥宇宙中任何另一个人的权利"。但当一个人进入到西方的文明传统中时，他也知道对获得和拥有本能必须加以理性的限制。作为这世界中的一个人，即他的世界和即将到来的世界中的一员，他也知道新兴的有产者如何不希望听到他们绝对权利的义务将受到限制。

于是，带着某种遗憾，也许还带着一种直觉的预感，他写道："虽然我们对拥有财产感到高兴，但我们似乎害怕回顾获得财产的方法，仿佛害怕我们财产所有权中存有污点……不愿反省（准确地和严格地说）为何文书上几个字可以传授土地的所有权，这在自然或自然法中没有基础；为何儿子该有权排斥他的同胞而拥有一块确定的土地，因为他的父亲在他之前也是这样做的；或者为何一块特定土地或一颗钻石的所有者，当他弥留之际，不能再持有财产时，他有权告诉世界上的其他人，他们中谁应继他之后享有此物。"①

布莱克斯通想，对财产所有权"唯一和专有的支配"提出挑战的这些问题"在共同生活中将是无用甚至麻烦的"。作为他的世界中的一员，他感到必须说："如果人类中多数人愿服从已订立之法律，而不太精密地审查订立法律的理由，这是妥当的。"然而作为浸润于文明传统中的一个人，他无法忽视在我们绝对财产的"所有权中是否有某种缺点"这一问题。而且作为"理性科学"（rational science）的主张者，他感到必须提倡古典私有财产观念。他是如此言说的：一个人的财产

---

① Sir William Blackstone, *Commentaries on the Laws of England*, Book II, Chapter I.

……在于自由运用、享受和支配所有物之权，不受任何控制或减少此种权利，**仅除了受土地法的限制**。私有财产的起源也许基于自然……但是无疑地，我们现在所发现的加诸私有财产的**各项修正**，现有产主保持财产的方法，以及从一个人传给另一个人的传授方法，**皆得之于社会**；而且是那些市民利益中的数种，为了换取这些利益，每个人都放弃了他的一部分自然的自由。[①]

也就是说，财产权是国家法律的一个创造物。由于法律是可以改变的，不存在绝对的财产权，可以有运用、享有和处置财产的权利。法律定义运用、享有和处置财产的权利，法院将予以执行。

布莱克斯通说，因为……

> 土地和土地所产之物是全人类的共同财产，从造物主直接获得的礼物，其他生物不得享受。

---

① Sir William Blackstone, *Commentaries on the Laws of England*, Book I, Chapter I.（楷体字是我改的。）

为了（也仅仅为了）最充分地享受土地

……英国立法机关通过稳步追求那种明智的和有秩序的准则，赋予每件可私有的事物一个合法的确定的所有主，而普遍地提升了市民社会的伟大目标，即个人的和平与安全。[1]

以这种方式思考，私有财产绝不能给予任何人以绝对权利以行使对土地和自然资源的"唯一和专有的支配"。最终的权利不在所有者手中。权利是"人类"的，是作为法人共同体的人民的。那一遗产中的个人权利是法律的创造物，除了法律规定的以外，它们没有别的有效性。确立私人财产的法律其目的不是满足原始人获得和拥有的本能，而是提升"市民社会的伟大目标"——这些目标包括"个人的和平与安全"。

---

[1] Sir William Blackstone, *Commentaries on the Laws of England*, Book II, Chapter I.

因为合法的拥有者享有属于所有人的有限必需品，他不能是他拥有物的垄断者。他没有权利行使他的绝对因而是武断的意志。他有同其权利相对应的责任。他的所有权是法律规定的赠与，不是为了实现他的私人目的，而是共同的社会目的。因此，有关财产的法律可以也应该被评判、评估、有必要时修改，以便确定将提升社会目标的具体权利和义务制度。

这是一种私人财产学说，它否认了"唯一和专有支配"这一主张。尽管他的良心颇受困扰，当布莱克斯通接受唯一和专有支配时，他背离了公共哲学和文明传统。背离之后，受到承认的理论家们倒退性地发展出了作为绝对权利的私有财产观。他们一度从政治哲学、法理学和立法中排除了几乎任何财产既有义务又有权利的观念。

绝对私有财产不可避免地导致了不宽容之恶。绝对所有者给其邻居和子孙带来了严重毁坏：他们破坏了土地的肥力，他们破坏性地利用了地下的矿藏，他们焚烧和砍伐森林，他们摧毁了野生动物的生活，他们污染了溪流，他们控制供应形成垄断，他们掌握土地和资源而不用，他们利用了挣工资者那一点可怜的讨价还价权力。

对于这样滥用绝对财产的现象，政治学家和立法者并未作弥补。他们丢掉了财产是属于社会目的的法律创造物这一传统。他们没有对付财产滥用的法律原则。十九世纪的个人主义者因而无法通过改革和使之适应现时代的情势来保卫和保存私人财产制度。他们对财产权利所知甚多，而对任何相应的义务所知甚少。于是，因为对滥用私人财产没有法律弥补，因为作为财产合理正当化的义务不再得到界定和执行，私有财产观念失去了合理正当性。

在财产所有者和无财产者（他们在很多国家成为多数）之间，结果是没有了联系纽带，在同一理性话语领域没有了共识。无产者有义务尊重财产拥有者的权利，但财产拥有者对无产者没有相应的义务。不存在无产者可找到他们权利的义务，因而出现了不祥的"两个国家"（two nations）现象，那些拥有土地者和那些没有什么可以失去者的对抗。后者比前者多得多。当他们获得选票后，民主国家国内政治中的主要问题成为拥有大量财产的少数和无财产选民的大多数之间的斗争。

这一冲突有两个可能的结果：一是逐步、累积，也许最终暴烈地剥夺有产者——或者改革财产法，恢复足够的义务。但对于布莱克斯通之后的几代人，财产作为一个义务体系这一观念被混淆了。公共哲学被丢弃，十九世纪最人道和开明的人们对于如何进行理性的改革毫无概念。看来可供选择的是要么保卫绝对财产、反对无财产者不断增长的不满，要么消灭私有财产。这是一个危险和虚假的两难。但在十九世纪这的确成了一个两难。据称，选择是在个人主义和集体主义之间，在曼彻斯特（Manchester）和马克思之间，在少数人持有绝对财产和群众专政消灭绝对财产之间。

布莱克斯通一例已表明，一个不同而更好的财产理论是可能的。它是可能的，如果他或他的后继者坚持了公共哲学的话——如果他们运用而非抛弃了他如此之佳地陈述了的各项原则。土地是全体人类的普遍财产。所有权这一私人权利是由立法权威赋予的，以提升市民社会的伟大目标。私人财产因而是一个法律权利和义务的体系。在变化中的条件下，必须使这一体系与市民社会的伟大目标相一致。

布莱克斯通及其后继者没有从这些原则中拟订出法律建议。① 当我辩称如果他们这样做会更好时，我现在问自己这些原则的效用是什么？它们是像道路规则那样调节交通的装置吗？如果它们只是如此，那么另一套假定也有效，就像英国的交通规则要求必须左行一样。你可以，实际上人们已经，基于十分不同的假定建设了财产体系——例如假定土地只是白人的普通财产，或是白种人的统治阶层的财产，或是初成肉身时未犯罪的种姓的财产。但如果原则不限于此，如果它们具有超越这些特别宣示的效力，给予它们以效力的德性是什么？

这些原则是人类社会理性秩序的法则——意指所有人，当他们处于真诚明白的理性状态时，会视其为不言自明的。理性秩序由一些条款组成，必须满足这些条款以实现人们在此世界追求好生活（good life）的能力。这些条款是多元社会中理性的人们的最大共识。它们是所有人都关心的建议，如果他们都真诚明白地具有理性，就有望趋向一致。在非洲属

---

① Cf. my *The Good Society*, Chapter 12.

于荷兰定居者的后代这一点上永远不会有共识；建立在那一假定之上的财产制度无法被普遍接受，而且会引起混乱。古典学说有一个优越的效用，基于其之上的财产制度在共同体中可获得共识支持，就其前景而言也是可运作的。

当我们作为自然法则谈论这些原则时，我们必须小心。它们不是像天体运行律那样的科学"法则"。它们不如说是描述人的行为。它们规定了什么是应该。它们不能使我们预言人们实际将做什么。它们是好社会中正确行为的各项原则，这个好社会是由西方文明传统治理的。

根据十分不同的原则组织起国家、运作一个政府是可能的，但结果将不是自由和好生活。

3. 例证：言论自由

只有在坚持公共哲学的共同体中，才有明确和充分的自由来思考和提出问题、发表言论及出版。没有人能在原则上，更别说在实践上，证明如下说法为正当：即存在着任何人的无限权利，在他选择的任何时候说任何他喜欢说的话。

譬如，不存在任何权利，如霍尔姆斯大法官先生（Justice Holmes）所说，在一个挤满人群的剧院中大声说"起火了"；也没有任何权利告诉一位消费者说某玻璃头是钻石，或告诉一位选民说对立一方的总统候选人是苏联间谍。

言论自由已成为西方社会的中心关切，原因在于希腊人发现，辩证法，正如苏格拉底的对话所表明的，是获得真理的一种主要方法，尤其是一种获得道德和政治真理的方法。亚里士多德说："对一个问题的双方引起探索上困难的能力，将使我们更易发现关于所产生的若干要点的真理和谬误。"① 自由言论权是获致真理的主要手段之一。这——而非逞口舌之快——才是为什么自由是好社会的必需品。

这是米尔顿（Milton）的理论基础，他在《论言论自由》一文中反对英国议会的规定（1643年），说除非事先由政府当局许可，不应印刷或发行任何一本书：

> 因而人类的现况如是；若无邪恶的知识，怎能有智

---

① *Topics*, Bk, I, Chapter 1, 101a35.

公共哲学 | 135

慧作选择，怎能有自制而慎戒？……盖以罪恶之知识与鉴定为今世制定人类德性所必需，我们欲更安全而少危险从事探索罪恶与错误之领域，舍阅览各种论文与听取各种理由外，能有何法？[①]

辩证方法是以相反对的思想直面思想，以便争论的正反两方导向真正的思想。但争论不能当作力量的试验，它必须是阐述的一种手段。在一个苏格拉底式对话中，争论者必须合作性地论辩，以便获得比他们开始争论前更大的智慧。在一个诡辩派争论中，诡辩学者用修辞而非辩证赢得辩论。亚里士多德说："二者所关心的或多或少均为人类一般理解范围内发生的事情，不属于明定科学的范围。"[②] 但当"辩证是一个批评过程，展开了通往一切探究的道路时"，[③] "修辞就关注说服的方式了"。[④]

同其起初的目的和正当化相分离，作为一个批评过程，

[①] Milton's *Areopagitica* (Oxford University Press, 1949), pp. 18-19.
[②] *Rhetoric*, Bk. I, Chapter I, 1354a1-3.
[③] *Topics*, Bk. I, Chapter 2, 101b3-4.
[④] *Rhetoric*, Bk. I, Chapter I, 1355a4.

自由思考和言说不是不言自明的必需品。只有从发现真理的希望和意图中，自由才获得了这样高的公共重要性。如此，自由表达的权利是一种私人愉悦而非公共必需品。言说的权利，不管有无意义，也无论真假如何，不能是一个伟大国家至关重要的利益，除非在如下假定中，即这种言论是带有真实的和有意义言词的戏言。

但当愚蠢、卑劣和欺骗的戏言累卷满篇，淹没了真理的要旨时，言论自由可能产生浮夸之词，或产生祸害，以致无法保存它以满足恢复秩序或体面的需要。如果自由和许可之间有一条分界线的话，那就是言论自由不再被尊重为真理的一个程序，而成为利用人民的无知、鼓动人民的激情的无限权利。于是，自由成为诡辩、宣传、特别诉求、游说和兜售的喧嚣，以致难以记得为什么言论自由值得为保卫它而承受痛苦和麻烦。

在喧嚣中失去了的是自由言说的权利所包含的义务的意义。使发表的言论交付批评和辩论是一种义务，因为辩证的辩论是获致道德和政治真理的一项程序，言说的权利受到辩论意愿的保护。

在公共哲学中，言论自由被视为意见相互直面的一种手段——正如在苏格拉底式的对话中，在学校教员的论辩中，在科学家和学者的批判中，在法庭中，在议会中，在公开论坛中。

（约翰·斯图亚特·密尔说）教会当中最不宽容的天主教会，甚至在授封圣徒时还容许并且耐心倾听一个"魔鬼的申辩"。看来，对于人中最神圣的人，不到魔鬼对他的一切攻讦都已弄清并经权衡之后，也不能许以身后的荣誉。即使牛顿的哲学，若未经允许加以质难，人类对它的正确性也不会像现在（1859年）这样感到有完全的保证。我们的一些最有根据的信条，并没有什么可以依靠的保护，只有一份对全世界的请柬，邀请大家都来证明那些信条为无所根据。假如这挑战不被接受，或者被接受了而所试失败，我们仍然距离确定性很远；不过我们算是尽到了人类理智现状所许可的最大努力，我们没有忽略掉什么能够使真理有机会达到我们的东西；假如继续保持开放态度，我们可以希望，如果还有更好的真理，到了人类心灵能予接受时就会把它找到；而同时，我们也可以相信是获得了我们今天可能获得的这样一条行近真理的路途。这就是一个可能错误的东西所能获得的确定性的数量，这也是获得这种确定性的唯一道路。①

原因还有，对质的目的是发现真理，有证据和议会程序的各项规则，有公正论述和公正评论的法典，据此，忠诚之士在行使发表意见的权利时将认为自己受到约束。因为言论自由的权利并不是许可欺骗，任性的胡诌是违反其原则的。假装在一个自由国家，一个人有某种不可剥夺的或宪法赋予的权利欺骗他的同胞，这是诡辩。没有权利欺骗，不啻无权诈取、欺蒙或小偷小摸。控告每一个公开的撒谎者可能是不相宜的，虽然我们设法控告其他骗子。有太多的法律鼓励就意见的发表提起诉讼，这可能是一项糟糕的政策。但在原则

---

① J. S. Mill, *On Liberty*, *Representative Government*, *The Subjection of Women* (London, Oxford University Press, 1946), Chapter 2, pp. 28–29. （此处译文参见约翰·密尔：《论自由》，程崇华译，商务印书馆，1982年版，第22页。——译者）

上，不能豁免任何形式变化多端的撒谎行为。

在我们时代，这些原则的运用提出了许多未解决的实际问题，因为现代大众传播媒介并不易于提供各种意见的对质。当同一听众听到所有争论各方的意见时，发现真理的辩证过程运作最佳。这在移动场景中明显不可能：若一部电影主张一个论题，同一听众无法看到旨在回答它的另一部电影。广播和电视的确容许某种辩论，但尽管这些公司努力让互相反对的看法被平等地接收，并组织起意见相反的讲述者同时加入的节目，但是广播的技术条件也不利于真正和富有成果的辩论。对听众而言，在这儿或那儿开机和关机，无法保证听到（即使是以概要的形式）一个问题所有方面的根据和主要论点。甚少时候，在极少的公共问题上，大群的听众获得真理从谬误中筛选出来的过程之利——这是辩论的辩证法，在其中可当即挑战、回应、交叉诘问和反驳。就新闻定期广播消息和评论的人——像在参议院或众议院中的议长——无法受到一名听者的挑战并当场被迫证实其事实陈述，再次论证来自事实的推论。

然而当真正的辩论缺失时，言论自由起不了本应起的作用。它便失去了调节它并证明其为正当的原则——即按照逻辑和证据规则进行的辩证法。若没有有效的辩论，言说的无限权利将释放极多的宣传家、制片人和迎合者涌向公众，以至于或迟或早为了自我防卫，人民将要求审查者们来保护他们。一种无限制和无管理的言论权是无法持续的，它将因为各种原因和托词而受到剪辑，服务于各种良善的、愚蠢的或邪恶的目的。

由于辩论的缺失，无限制的言论导致意见的退化。一种格雷沙姆定律（Gresham's law）出现了，更理性的被不理性的压倒，将要流行的意见是那些最激动的意志和最热切地持有的意见。由于这一原因，言论自由从来就不是只通过拒斥干涉出版自由、印刷自由、广播自由、电影自由就能实现的，它只能通过促进辩论来维系。

最终，人们最热切的愿望将是压制那些与他们意见不合从而妨碍他们愿望实现的人。因此之故，一旦辩论中的对质不再需要时，对各种意见的宽容就导向了不宽容。同其实质性原则相分离的言论自由经由一个短暂的混乱过渡而走向言论自由的摧毁。

我相信，在言论自由的实践中，能够维持的宽容程度是跟盛行或能够组织起来的辩论对峙有效性直接相关的。例如在美国参议院，一名参议员可当即被另一名参议员挑战，并使其说明理由。在参议员们中间，对于容忍所有意见而言，条件近乎理想。[①] 处于另一个极端的是匿名指控的秘密传播。在这里，根本无法挑战作者，在不违反任何自由原则的条件下可以妥善处置他的是侦探、警察和刑事法庭。在这两极之间，存在很多宽容难题，实质上有赖于辩论对峙的有效程度。在其有效处，如作为一个整体的标准报纸出版业，自由基本未受法律的限制。当对质有困难时，如在广播中，人们也接受一个原则，即某种法律管制是必要的——比如为了确保各政党公平竞争。当对质不可能时，如电影或所谓的漫画书，就要有审查。

4. 异议的限度

反革命运动已把自由民主国家推到极度的紧张中：如何

[①] 当非参议员受到参议员攻击时，情形有所不同。

确保它们的安全和生存而又不抛弃其各项自由。它们面对着民众运动，这些运动受到不友好的外部大国的帮助和煽动，并利用民主政府的机构俘获它以便消灭它。当它们运作获取权力而尚未获取时，法西斯政党会援引《权利法案》的各种保障，以及大众性政党、选举、议会、文官制度的各种特权。但当它们获得权力后，就会摧毁它们像阶梯一样据以向上爬升并攫取权力的自由民主机构。

对各自由机构的这种利用，在我看来，有力地证明这些机构与公共哲学是不可分的。若这一联系被遗忘，正如在当代民主国家所常见到的，自由机构受自由民主国家的保护就相当脆弱。它们很容易成为其敌人的猎物：或是法西斯主义者攫取权力以排斥共产党，或是共产党夺权以排斥法西斯主义者。

在公共哲学中关于保卫自由机构的原则没有模棱两可之处。规则为享有它们的权利和维护它们的义务是不可分的。也就是说，利用这些制度的权利属于那些坚守它们的人。

忠诚的标准是不容置疑地承诺保卫和保护政治和公民权

利的秩序。自由民主国家是否应取缔（或以其他方式遏制）反革命运动不是一个原则问题，而是一个权宜之计和实践审慎问题。关于原则并无疑问：反革命运动是国家的敌人，必须击败它。

在运用这一原则时，这个政党或那个个人是否忠诚或不忠诚的具体问题要由正当程序来决定。在没有任何权利摧毁自由民主国家的同时，存在一个不可剥夺的权利，在所有特定案子中把这一问题作公平的裁定，以确定这人或那人是否国家的敌人。对于那些尚未证明有罪的人，不能否认此种权利，对所有将证明无罪的人也不应否认此种权利。

当我们处理公开的革命政党如法西斯政党时，异议的限度是不难解决的。煽动叛乱和激进改革之间的边界线在否认和接受公共哲学的至高原则之间：我们生活于一个理性秩序中，通过真诚探究和理性辩论，我们可区分真假对错。反革命者压制自由以便宣传官方学说，拒绝自由社会中官方政策制定的程序。

理性程序是公共哲学公约的方舟。没有一套选举法或宪法保障是不可更改的。不可更改的是对理性决定的承诺，对

基于如下假定在公共生活中行动的承诺。皮尔斯①就这一假定陈述如下:

> 人类意见最后普遍地趋向于一种明确的形式,这是真理。让任何人有足够的资料,对任何问题作足够的思考,结果他将达到某种明确的结论,此种结论将与任何其他心灵在足够顺利的情况下所达到的结论相同……故对每一问题有一个真正的答案,一个最后的结论,每个人的意见不变地引向此种结论。他可能有一个时期从此结论引退,但是给他更多的经验和思索的时间,他最后将达到它。个人可能不会在有生之年达到真理;在每人的意见中有些许误差,这没有关系;一种明确的意见仍旧存在,人类的心灵整体来说最后终将趋向此意见。对于许多问题,最后的一致意见业已达到;对所有问题,如果有足够时间,终将达到一致意见。专横的意向或很多人内心的其余个别癖性,可能会无定期地延搁对那意

---

① 皮尔斯(Charles Sanders Peirce,1839—1914),美国数学家、哲学家和逻辑学家。

见的一致见解；但是当达到此意见时，不可能对该意见的性质应是什么发生影响。这一最后的意见因此是独立的，事实上并非脱离共同的思想，而是脱离所有任意的和个别的思想；与你，或我，或任何其他人怎么想全然无关。[1]

拒绝对于理性效能的这一信仰，同时又相信享受自由的人的共同体能成功地治理自己，这没有可能。

5. 历史之镜

于是我们发现，言论自由的原则，就如私人财产的原则那样，是处在公共哲学范围内的。在一个多元社会中，只有通过坚守如下基本原理，言论自由的原则才能予以辨明、运用和调节：此即事物存在着一种理性秩序，经由真诚探究和理性辩论，有可能区分真假对错，区分导向实现人类目标的

---

[1] Cited in Herbert W. Schneider, *A History of American Philosophy* (1946), p. 517. From a review of Fraser's *Works of George Berkeley* in *North American Review*, Vol. CXIII (1871), pp. 455–456.

善和导向毁灭与文明灭亡的恶。

西方世界自由政治制度是由这样的人们构想和建立的：他们相信对人类共同经历的诚实反思将总是引致人们得出相同的最终结论。在阐述他们最终目标的相同哲学的黄金律之内，他们怀着自信地希望可实现真理的逐一发现。如果——也只是如果——所有调查研究者和论辩者坚守公共哲学，一切问题都可通过科学研究和自由论辩得到解决；也就是说，如果他们能够运用相同的标准和理性规则以获得真理和区分善恶的话。

很显然，在任何一个共同体内或共同体之间，在那些坚守公共哲学和不坚守公共哲学的人之间，不存在一条清晰的界线。但当光谱内存在许多阴影和度数时，两端是清楚明白的。当坚守公共哲学的全体人民坚定时，一个真正的共同体就存在；当对主要原则存在分裂和歧见时，其结果就是潜在的战争。

在一个真正共同体的维持和形成中，我们可以说，接合起来的哲学就像把纤维织在一起的线条。没人精通这一哲学，多数人大约几乎什么都没听说过。但如果是在有识之士和领导者之中，公共哲学具有如中国人所说的"天命"(Mandate of Heaven)，使人们合作的信念和习性将保持完整。但如果公共哲学被他们丢弃，被视为反动或一派胡言，那么针脚就会被拔出，织物就散掉了。

这个比喻中的纤维就是如何过好生活和如何治理好社会的各种传统。当它们散架时，就像在西方民主国家那样，结果就相当于一种集体健忘症。自由民主国家在和平和战争中屡犯错误，若非丧失记忆，它们绝不会犯下这些错误。它们忘却了太多前人在它们之前所学到的东西。新近实行普选权的民主国家就像胃口没变但忘了如何种植食物的人。他们有对法律和秩序、对自由和正义、对只有好政府能给予的东西的长期人类需求。如果要习得，必须从老人流传给青年，习性和观念必须保持，在传统的传承者中间就像一张无缝的记忆之网，一代又一代。

当文明社会的连续性断裂时，共同体受到了威胁：除非断裂得到修复，否则共同体就将崩解为派别、阶级、种族和地区间战争，因为当连续性被打断后，文化遗产就得不到传承，新的一代就面临通过试错再发现、再发明和再学习的任务，以掌握作为社会的卫士需要知道的大多数东西。

没有哪一代能这么做，因为没有哪一代人能够为自己创造一个高级文明的艺术和科学。如果人们从他们的先人已经知道的知识开始，他们就能知道得更多。如果他们无需再来一遍，学习如何做基本的事情，他们就可以进行高级的试验。这就是为什么只有当一个社会保守其传统时，它才能进步。正如伯纳德（Bernard）所说，各个世代"犹如坐在巨人肩上的矮子"，因而能够"看到比古人更多的东西，以及更遥远的东西"。[1]

但传统远不止艺术和科学的文化。它们是我们的私人世界所聚合的公共世界。公共和私人记忆的这一连续体超越了所有个人的直接和自然生活，把他们连结在一起。在这一公共和私人记忆的连续体中，蕴含着个人被接纳和成为共同体成员的秘密。

承载这一秘密的机体是共同体的历史，其中心主题是伟大前人的伟大事迹和伟大目的。从他们那里，新一代人延续

---

[1] Cited in Etienne Gilson, *The Spirit of Medieval Philosophy* (1940), p. 426.

下去，并通过成为未结束历史的参与者证明自己。

雅斯贝斯说："我属于何处，我活着是为了什么，我首先从历史之镜中学习。"[1] 当一个人文明化之后，他获得了第二天性。第二天性形成于他是什么、为什么活和应成为什么的意象中。他已看到历史之镜中的意象。这个第二天性统御着自然人，在好社会中颇为自在。这个第二天性不是无产阶级的，而是自觉为共同体的合法所有者和统治者。只有一个人的第二天性才能提供对共同体的充分忠诚，第二天性驾驭着他的第一和原始天性，不把它看成是最终的自我。因而文明生活的纪律、需要和制约对他不再是陌生的，不是从外面强加的。它们已成为他内心的律令。[2]

6. 人的第二天性

在重新审视苏格拉底之死的对话中，柏拉图描绘了文明公民的经典肖像。在他被处决的那天下午，苏格拉底同他的

---

[1] Karl Jaspers, *Origin and Goal of History* (1953), p. 271.
[2] Cf. my *Preface to Morals*.

朋友们论辩。狱吏让监狱的门洞开着，苏格拉底在解释为什么他拒绝逃跑。

……雅典人认为判我有罪为妥；我为此也下定决心，我最好是坐在这里，我应当待在这里，承受雅典人判处我的任何刑罚。假如我没有抱定决心而改变了主意，认为我承受雅典城的责罚并不合适、并不高尚，最好还是逃亡，那么，我可以发誓，我的骨头和我的筋，早给我带到麦加拉（Megara）或维奥蒂亚（Boeotia）去了。把筋骨之类的东西称作原因是非常荒谬的。假如说：我如果没有筋骨等东西，我认为该做的事就做不到，这话是对的。可以既然说我的行为凭我的智慧做主，却又说，我做的某一件事不是因为我认定这样做最好，而是因为我身体里有筋骨等东西，这种说法是非常没道理的。[1]

---

[1] *Phaedo*, 98-99. In *The Dialogues of Plato*, translated by B. Jowett (1937). （此处译文见《斐多——柏拉图对话录之一》，杨绛译，北京三联书店，2011年，第67—68页。——译者）

苏格拉底在说他自己不是他的肌肉和骨头、他的反应能力、情感和本能的有机体。他，苏格拉底，是管控有机体的那个人。他行使着圣托马斯·阿奎那所称的对其"暴躁和贪欲的力量"的"一种高贵和考虑周到的规则"。有机体的这些力量，其第一天性，如纽曼红衣主教（Cardinal Newman）所说，是"一向反对理性的躁动"。但苏格拉底是那有机体的统治者。他是那个"我"，能说"如果我没有选择"统治它们，那么它们本来已经反叛并远遁。统治了它们的这个苏格拉底是雅典所选取的正式公民。它们是自然人的胃口和本能。因为一个由其胃口统治的人是个野蛮人，断无能力做雅典的公民。

苏格拉底的朋友们最后一天在那里时，也许说到只要是"人"，有机会时就会要逃跑。但苏格拉底所选择的正好相反，坚持他是最具充分人性的，因为他愿意和能够驾驭他的欲念。

无需说，这一伟大故事教给我们的不是屈从和尊奉，也不带有谴责苏格拉底的雅典人民判断正确的任何意涵。正如克里托（Crito）所说，当他闭上他的眼睛，"我知道的他同时代的所有人中，他是最明智、最正直和最有德性的"。这个故事的要点是苏格拉底不会救自己，因为一个雅典公民不能欺骗法律，最不应为他自己的个人利益而这样做。[1] 如果雅典要得到治理，它的公民必须是根据其第二天性偏好法律胜过满足他们自己的冲动，甚至胜过他们活着的意愿。除非公民们以如此权威治理自己，雅典城邦将是无法治理的。如果他们跟着第一天性走，那么雅典将会遭到践踏。

这是一个人变得适合治理的形象。他是内在地受他第二和文明天性统治的。他真正的自我在行使压过他自然自我的生死力量。真正的人才适合做雅典法律和制度的所有者，以及他们所服务的生活理想的所有者。雅典生活的必需品和目的不是外在于苏格拉底的某种东西，疏离的、外部的、强加的和不乐意地遵从的。它们是他自己真正品格的目标，建立在他称作"自我"的那部分存在中。

这就是治者的内在——不管他的职务和位阶如何——为了他的国土、他的秩序、他的军团、他的船只、他的事业等

---

[1] *Phaedo*, 118. In *The Dialogues of Plato*, translated by B. Jowett (1937).

种种缘故，他是他自己较脆弱较卑微激情的尊贵主人。尽管这是贵族的法典，但它不是内在于特权和出身的。这是统治能力的机能。它乃是因为贵族是统治者，不是因为他们出身为贵族，因而他们使自己服从贵族的德性。当他们像大革命前夜的法国贵族那样失去了作为统治者原则的自我控制时，他们就无法统治了。于是，如若他们坚持其特权太长，他们中的很多人将失去其尊贵的头颅。

第十章 两大境界

1. 不同境界的混淆

与生活于文明传统之中的人相反，这种人像苏格拉底一样以公共世界的法律统治他的私人冲动，强大的敌人列阵以对。他们以整全的许诺诱惑他——在短暂而光荣的斗争中，他们将把他带到他将实现其所有希望的地上天国。事情的根源在人类境况的这两种观念中，最终的问题是二者之间存在冲突。

在整体革命的国家中，当苦涩的终点变得可见，我们能看到现代人的困境是何等绝望。可怕的事件显示，他们把地上变为天国的努力越大，他们就越容易使其成为地狱。

然而，为了拯救和实现完美的渴望肯定不是邪恶，而且它在人类灵魂中是永恒想望。如果这种想望在此世界无法实现，如果像如此之多的现代人所设定的那样在另一个世界也无法实现，人类是否依照事物的本性注定要被至高之善拒斥呢？

对这一问题的回答是已知的。在实存界（realm of existence），对象以实体呈现于我们的感官之前；在本体界（realm of essence），对象出现于我们的心目中，通过承认它们之间的差异，至善即可获得。我使用含义模糊但无法取代的"本体"（essence）一词以指事物真正和未扭曲的本质。理解我们与这两个存在境界之间的关系极难沟通，困难的程度使之仍为一种秘传的智慧。

不过，现代困境要有一个出路的话，我相信它开始于我们学会认识两个境界之间的差异。因为现代民主福音的大错是它许诺的不是此世界的好生活，而是天国的完美生活。这一错误的根源是两个境界的混淆——一个是今世的世界，在这一境界中，人类的状态是出生、生活、工作、斗争和死亡；另一个是超升的世界，在这一境界中，人类的灵魂得到再生和安宁。两个境界的混淆是最终的混乱，它抑制了今世世界的好生活，它扭曲了精神生活。

2. 今世之善

好生活和好社会的理想远非完美，在讨论它们时我们使用最高级。它们是世俗的理想，对至高之善未提出期望。恰恰相反，它们关注的是永恒和有限、形形色色和冲突的人们之间可能的最佳。因此自由、正义、代议、同意、法律这些理想是地上的。它们是为了仍（如圣保罗在《提摩太书》第一章第九节和第十节中所说）在法律之下的人们的。

> ……律法不是为义人设立的，乃是为不法者和不服者、不虔诚者和犯罪者、不圣洁者和亵渎者、弑父母者和杀人者，
>
> 为行淫者、亲男色者、抢人口者、说谎者、起假誓者而设……

"自由"(freedom)一词有多种涵义。但是对于不曾在多元和冲突的人类环境中生活过的人,对于不曾知道世俗人中间的人生问题及他自己权力有限性的人,他们不会想到自由的任何意义。

比如我们可以区分出自由的三种主要涵义,每一种都是一个思想流派的形成原则。

霍布斯说:"自由[①](正确地)表示没有妨碍。"[②] 就他对此词的用法而言,对所有无人阻止我们做出的行动来说,我们是自由的。

洛克给予"自由"(liberty)一词的一个含义是:"人类从事或避免从事任何特殊行动所具有的权力。"[③] 在这里,我们不自由只是因为我们可能做某事;我们还必须能够这样做——我们必须有本领做以及有做的手段。

在古典和基督教传统中,"自由"(freedom)一词还有另一种涵义。如孟德斯鸠所说,自由"只意味着有权力做我们

[①] 这里的"自由",霍布斯用的是"liberty or freedom"。——译者
[②] Thomas Hobbes, Leviathan (Oxford, Clarendon Press. 1943), Part II, Chapter 21.
[③] John Locke, *An Essay Concerning Human Understanding*, edited by A. C. Fraser. (Oxford, Clarendon Press, 1894), Vol. I, Bk. II, Chapter 21, Sec. 15.

应做的事，不被强迫着做我们不应当做的事"。① 如果我们有能力知道我们应做什么以及有做的意愿，我们就是自由的。

这些并不只是产生于语义模糊的词义上的不同。它们是一种复杂观念的不同方面。对任何一种涵义进行实际检验时，几乎不可避免地，我们必须转向其他涵义以纠正不足。因此，不可能选择一种涵义而拒绝其他所有涵义，或实际上也不可能达成并安于一个确定所有涵义的结论。

不存在最后的要点，因为正如威廉·詹姆士（William James）所说，"在事物的变动中，事物失去了平衡。我们有限的经历不管获得了什么均衡都是暂时的……每一事物都处于……其他事物的包围中"。而"如果你让此事物在该处发生作用，它终将不可避免地遇到它的邻接事物的冲突和反对。它的对手与敌人将摧毁它，除非它能以折衷其部分原来要求来买通它们"。②

---

① Charles de Montesquieu, *The Spirit of Laws*, Bk. XI, 3.
② William James, *A Pluralistic Universe*. In *Essays in Radical Empiricism and A Pluralistic Universe* (1947), pp. 88, 90.

自由、平等、博爱、正义这些词具有多种涵义，反映出事物变动着的可变性。不同的涵义就像不同的布匹，根据一种原因、一种天气和一天中的某一时间，每一种都是好的，没有哪一种是对一切时候都是好的。在现世的无穷变化和多样中，我们的概念定义从来都不是正好和最终的全部真理。正如詹姆士所说，因为当"生活的本质是其持续变化的性格……我们的各种概念都是不连续的和固定的"。就像冬天的大衣，没有一件可以在1月和7月都穿在身上而同样舒适。因而觉得我们任何时候都可以穿上同一件大衣，那是错误的；在夏天把它扔掉而认为不会再有冬天也是错误的。

这就是人类的状况。在文明的传统中，好生活的世俗智慧就是对此而言的。

在这一变动和多样的实际世界中，我们如何发现正确的规则？亚里士多德说，如果我们寻找比"主题所承认的"更大的"清晰性"，我们不会找到。[1] 有关行为的事情和什么对我们是好的并无定规，他又说："行动者自己必须在每种

---

[1] *Nicomachean Ethics*, Book I, Chapter 2, 1094b. 12.

情形下思考何者适合该场合。"①

但我们可以注意到,行动者并不会准备一条他们认为适合该场合的规则。他们"考虑"某种东西。亚里士多德说,那个东西是"事物的本质"——包括现世美德的本质——"会被不足和过度所摧毁"。随后的问题在于识别"中庸之道"——过度和不足之间的点,那里是德性所指向的善得到保存之处。

如果过度和不足之间的中庸是一个固定的点,那么这做起来将不像实际那么困难。但它不是固定的。亚里士多德说,勇气不足就是懦弱,当一个人"逃避每件事情,害怕每件事情,不站在他的基点上面对任何事情"时。勇气的过度是一个人的鲁莽,"他什么都不怕而是面对任何危险"。但这么说并不能确定中庸之道,即每个人都知道他该站在他的基点上,以及何时不该,正如他知道交通信号灯何时红何时绿那样。

期待被告诉——期待无需去判断和发现——固定之点,

---

① *Nicomachean Ethics*, Book II, Chapter 2, 1104a. 9.

它们在每一种特定情况中都是中庸，按照亚里士多德的说法，这是希求这一问题被给予实际能给予的准确程度。当我们这么做时，我们使自己设想中庸这个点是百分之五十的过度和百分之五十的不足之间的一种成交条件。但那不是真正的中庸。勇气不是懦弱的一半和鲁莽的一半；节制不是放纵的一半和完全禁绝的一半。真正的中庸是两个极端之间推与拉、吸引与抵制之间的紧张。

其结果，如亚里士多德所说，将是不精确和无结论，没有理由认为世界的智慧能在任何时候出现于这些不完美之上。

3. 法律和先知

精神的智慧也不能精确地解决世间行为纠缠不清的难题。因为精神的智慧是存在世界的愿景，在此愿景中，尘世的问题并未解决，而是超升了。

在日常生活的直接、紧迫和特定问题上，主要的先知、预言家和圣人们极少能提供实际建议和具体指导。《圣经》

和经典书籍中储存的智慧不包括关于道德原则的系统而全面的陈述。从这些原则中本有可能清晰而确定地推演出具体问题的具体回答。向精神的智慧寻找这种指导的人将会失望。如果他能找到，他必定是通过类比和推断得来的。行为的具体规则并不赫然寓目。若它们在那儿，人类历史就将改写，因为可怕的战争和有毒的仇恨，是产生于从相同的一般原则中得出不可调和的不同实际结论的人。

在最高的智慧和人们必须应对的实际困惑之间存在一个间隔（hiatus）。一部包括先知们和哲学家们所教导的全部东西的百科全书，不会清楚明确地告诉一个人如何制定法律、如何治理一个国家、如何教育孩子——事实上，还包括如何决定教士在忏悔室中所遇到的问题、医生解答其病人的问题、律师解答其当事人的问题，法官解答诉讼者的问题、事务家在业务中所遇到的问题。

面对实际的决定，他们需要知道在各种选择方案中应作何选择。但这类具体的指导在先知和哲学家的话语中只偶尔能找到。他们并未就具体案子的具体规则编纂系统的典籍。这些法典存在于作家、决疑者、立法者和法官的著作中，他们的权威为众所推崇。这是基于一个假定,即行为的具体规则隐含于感悟的言辞中,只是从那儿推演出来的。

所记载的基督和使徒们的言论中,并不包含全面的律法和人们生活秩序的各项规则。事实上,使徒们似乎认识到了需要清楚地记载圣人的言行。根据尤西比乌斯(Eusebius)所记,当罗马的彼得得知马克记得他的话并把它们写下来时,"他既不直接禁止,也不加以鼓励"。卷帙浩繁且非常详尽的基督教法典都是教皇、主教、宗教会议、经典学家、决疑者、学者和教本作者的著作。

这项工作在使徒时代后马上就开始了。曾为英语国家撰有一本关于道德神学主要天主教手册的可敬的斯莱特神父(Thomas J. Slater, S. J.)曾说:"《福音书》包含有耶稣基督教诲的简短概要,这在别的《新约》著述中、在其他方向上有所发展,但《圣经》的传教者很快就发现他们只要有主自己的道德教诲的简短概要已足。"[1] 作为对这一需要的反应,早在一世纪末,就已写下了《十二使徒之教训》和《使

---

[1] Thomas J. Slater, *A Manual of Moral Theology for English-Speaking Countries* (5th ed.), Vol. II, p. 308.

徒》等著作。斯莱特神父说，《十二使徒之教训》是流传至今的第一部道德教本。该书立下了爱上帝和爱邻人两大道德原则，然后——因为这是一部解决人们实际困难之书——它开始列举主要的积极和消极责任，这些责任是人们对其父母、孩子、仆人、邻居和穷人负有的。订出今世生活具体规则的全面体系变得有必要，这与六、七、八世纪组织起来的忏悔体系有关。① 当 1215 年的第四次拉特兰宗教会议 (Fourth Lateran Council) 规定信徒作原罪忏悔至少一年一次并成为义务时，就需要有全面的参考书就一系列有关人类的问题指导忏悔室内的教士。②

无论何处，总有极多的人都需要详尽的行为守则。对于他们的舒适、他们的方便和他们心灵的安宁，这些守则都是必要的，没有一种有大量追随者的宗教是没有决疑手册或《古兰经》或犹太教律或加尔文教理的。因为那些有精神便

---

① J. C. Ayer, *A Source Book for Ancient Church History* (1913), p. 624.
② *Encyclopedia of Religion and Ethics*, Vol. III, p. 241. *Catholic Encyclopedia*, Vol. III, pp. 416-17.《忏悔与婚仪述要》出版于 1235 年。自那时以还，直到圣阿尔丰苏 (St. Alphonsus Maria de Liguori) 所著《伦理神学》于 1785 年出版最后一版，期间出版了关于具体教规的无数著作。

能生活的人总是极少数,这儿那儿的小团体,离群索居,高居于他们时代的正常生活之上。如没有那些决疑者,他们订立具体教规,把感悟的文字解释并作成仪式与法律的箴言,使之明白晓畅而成体系,那么先知的愿景就不能与现实世界发生多大接触。

4. 精神境界

这愿景不是此岸世界而是另一个十分不同世界的。事实上,使徒们相信他们自己是生活在世界末日中,他们没有就圣人的言行提供系统而明确的记载。但即使他们未相信现存世界的终结在来临,仍应认为他们所教导的不是针对此岸世界而是针对一个非常不同的世界的。

例如,存在"我们应该爱我们的敌人"这一箴言。它困扰了教会的博学之士,正如它困扰了凡夫俗子一样。阿奎那评论说善者不能容忍邪恶者直到忍受伤害上帝以及他们邻人的程度;圣克里索斯托(St. Chrysostom)说:"忍受个人自己的冤屈是可佩的,但对上帝之加害佯装不知是最大的不敬。"[1]

当我们试图视其为政治行为的具体规则时,这说法就垮了。那它的智慧是什么呢?它不是公共世界的智慧和关于如何治国的智慧。它是适当安排我们的激情、教育及其管理的智慧。它并未给出实际世界的行为规则。它在人们面前树立了他们实现转变的愿景。

很显然,不抵抗的理想若确实和持续不断地坚持,将把世界放弃而交给劫掠者。普遍的贫困将使世界陷入悲惨和黑暗。普遍的禁欲将使人类生活灭亡。这是如此之显然,即很清楚,我们在所有高级宗教中看到的这些观念,不能视为人类行为的公共规则。因为他们影响到人的本性,转变了的我们自己的愿景能修正我们的追求和激情。

它们不是现存世界的实际理想。它们是一个存在界的理想,在那里,人们得到了超度和再生,世间的邪恶已被清除。当人们在地上和属于人类社会时,他们无法进入那个境界。他们无法被拖出世俗世界,但他们可被引导而脱离它的

---

[1] Edward A. Westermarck, *The Origin and Development of the Moral Ideas*(1912 - 1917), Vol. I, pp. 77 - 78.

各种过度；通过模仿，他们在某种程度上可以变得接近于若为完人时可能成为的样子。

一个谦卑的人最后达到他的信仰时，将会获得对其自己的确信所保留的怀疑。尽管他创造了财富并使用之，尽管他抵御了邪恶，但他将仍无获得和拥有。他对事物不会有最后的眷恋，他将对权力或对复仇没有强烈的贪欲。他无法也将不会成为完人，但在某种程度上他将被引向完美。

对另一世界的知识用熟悉的物质世界的平凡语言是无法传达的，因为它来自不是以我们的感官看待世界的愿景。先知们的语言不能是诸建议的直接陈述。他们必须以使人感到亲密的诗一般的寓言和比喻来言说。这些诗一般的寓言和比喻可能引起平铺直叙的文体中不可表达的寓意。这些道德说教寓言和比喻不是为了统治人，用圣保罗的话说，而是为了创生新人。谁是新人？在著名的《加拉太书》一章[①]，保罗解释说，意指《旧约》的律法和先知的《圣经》"断定了所有人皆有罪"。这些诗的寓言和比喻系对未新生者而说，系

---

① Galatians, III: 22-24.

对世上俗人而说，系对亚当和夏娃的后人而说，他们忍受着阿奎那所谓"天性之创伤"。在他们心中，"理性"已失去了"其对灵魂较低部分的完全控制"。

圣保罗说："律法是我们的老师。"它纠正我们的无知、恶意、弱点和贪欲。但对基督的信仰到来后，"我们不再受教师教导"。当我们的激情被对另一界的忠诚所转变时，我们不需要受管制。圣保罗说，再生的人不再效法今世，而是在心灵的更新中被转变。[①] 在上帝之城中，圣奥古斯丁（St. Augustine）说，"罪恶不会再有能力欣悦"，而人将"无法作恶"。[②] 他们受精神引领并已被"超度"。他们能如孔子所说，"从心所欲，不逾矩"。

5. 力量平衡

当一个人从其原初的条件下觉醒——在原初条件下，如培根（Bacon）所说，习惯是其生活的主要领导者——他发现

---

① Romans, XII: 2.
② *The City of God*, XXII, 30.

自己生活在两个世界中,有两种忠诚:有一个他通过感觉知悉的熟悉的世界,也有一个他只有暗示和通过其心灵之眼知悉的世界。他在这两个迥然不同的世界之间被拉扯,这中间的张力是人类话语永无穷尽的主题,对哪一个他都不能给予全部的忠诚。它们之间有力的对照是他的不幸。它们在圣人的生活、英雄的行为和天才的卓越中偶尔的和谐是他的荣光。

在文明的各种传统中,流行的看法是此二界不可分但迥然不同,人必须在平衡中找到他的命运,这平衡在二者之间从来都不是完全固定的。

然而,这个看法总是受到挑战。有享乐主义者,他们欲完全退入存在界,吃、喝、享乐,而不感到痛苦和悔恨,这痛苦和悔恨是与不朽的渴望相伴的。这种文明观受到禁欲主义者的挑战,他们欲从存在界退出,等待世界末日和自己从浮生中解脱。这种观点受到早期的千禧年主义信奉者①的挑战,他们生活在对千禧年的期待中,按照圣约翰的启示,这

---

① 千禧年主义信奉者(chiliast)相信在千年国度到来时,基督会回到尘世,统治人间。——译者

千年触手可及。这种观点也受到现代完美主义者的挑战，他们相信通过自己的革命行动，人可以使自己成为地上天国的创造者。所有这些看法中的错误，来自相同的根本性混乱。它们都拒绝承认：一方面，两界不能混同；另一方面，它们不可分开而孤立存在——必须用扯平、维持和修正二者间的平衡而使其相互联系。

这是一个复杂而微妙的真理，非常像数学中的不尽根，无法用有限的数量词来表达。

由于我们被在这两界之间拉扯，国家和教会的轨道之间没法划出清晰的分界线。尽管政治统治主要关注的是存在界的事务，尽管教会首要致力于精神界，但它们相遇在无论何时何地，当存在各种对错问题时，只要涉及什么是人的天性、什么是他真正的意象、他在事物系统中的位置以及他的命运，国家和教会都会介入其中，它们的关系无法进行任何清晰准确的关于各自影响范围的划分。

在它们的紧张中，是如此之多的西方社会历史的主题，哪一个都不允许征服和吸收另一个。西方的经验教给人们这样一课，但它也教给人们两界不能分开，它们不能孤立和隔绝于不同的范围中。在支配政府世俗力量的极权主义教会绝对权力下，自由几无空间，在把精神权力吸收进世俗权力的极权主义国家下亦然。人类境况中以及现今的世界中，最佳的可能是国家和教会都应强大到无法征服，而又不至于强大到具有无限支配力。在摆正二者间的平衡中，理性逃离了过大权力的压制，而获得其机会。

但当教会权力和国家权力的分离对于二者的正确关系是必不可少的时候，消极的规则不是它们正确关系的原则。教会和国家需要分开、自主和安全，然而它们在所有善恶问题上又必须碰头。

这些问题具体地产生于公共政策的制定中，它们有关家庭、婚姻、离异、父母的权威、孩子的监护、教育、继承、财产的分配、犯罪和惩罚、风尚的标准、忠诚、正义和非正义战争。这些问题，如教皇利奥十三世在1885年颁布的通谕《永恒的神》中所说，属于教会权力和世俗权力"共同的管辖和裁判"。在所有这些事务中，最终的裁断不在两界中的任何一界。实际上也没有什么最后裁断，代之的是不同要素永无休止的紧张中暂时的平衡点。在特定地点和特定时间，这平衡点在哪里，是无法先验地界定的。它必须在公共哲学的基本原理内经验地判断。因为进入这一平衡的各要素是变量。这便是为什么统治不是工程而是一种艺术。这便是为什么同一部宪法和法典不能像飞机引擎的计划，被所有国家在任何时候或任何国家在所有时候使用。

6. 平衡的机制

国家之间和国家之内权力平衡的观念长期以来有很多人运用过，在不同情形下和出于不同的动机，就像最近的一位批评者所说，它并不是"没有语言、语义和理论的混淆"。[1]

然而这并不是同意科布登（Cobden）的一个理由，科布登说这观念是个"未描述、无法描述、无法理解、什么都不是的东西"。[2]

---

[1] Ernest B. Haas, "The Balance of Power: Prescription, Concept or Propaganda?" *World Politics*, Vol. V., No. 4 (July 1953). 该文是"均势"在国际关系学领域各种定义和应用性涵义的有用清单。

[2] Cited by Haas from Richard Cobden, *Political Writings* (London, 1878), pp. 111 - 114.

如果一个术语有许多迥异的定义,那就最好从假定它充满涵义说起,因为我们文明的各主要观念没有一个是只有单一涵义的。①

但在重大观念中,存在某种中心效力,各种异议和涵义持续围着它转。重大观念中的每一个都是使人困惑的,因为它涵义太丰富了以致无法简单地定义。但如果它是涵义空洞的,它会跟上周两个醉汉之间的争吵一样消失而进入真空中。

运用一个像"力量平衡"那样复杂术语的任何人,当然都必须说他指的是什么。我从霍布斯开始——他说:"在人的自然状态中,既没有政府也没有法律,只有一切人反对一切人的战争。"②

霍布斯没说每个人事实上都试图杀死其他人,但存在着"得其一思其二、至死方休、永无休止的权势欲……这种对财富、荣誉、统治权或其他权势的竞争,使人倾向于争斗、敌对和战争,因为竞争的一方达成其欲望的方式就是杀害、

---

① Cf. *The Great Ideas*, *a Syntopicon*, Mortimer J. Adler, Editor.
② Hobbes, op. cit., Part I, Chapter 13.

征服、排挤、驱逐另一方"。①

但一个政府如何能从交战各国的无政府状态中超升出来,足够强大到支配法律和秩序,人们如何能被诱导到尊重法律?理所当然的是,在敌对领主的斗争中,一个胜利者将以君主身份出现,他统治其他所有领主;问题是若干领主中的某一个是否能变得足够强大以压倒所有其他领主;回答是他几乎永远不可能以他的力量对抗所有其他领主联合起来的力量;他也很少能以他的力量一个个地分别击破他们。一般的原则是他必须能制造并利用形势,使他的对手们相互对抗。当他们的力量相互平衡时,他们就中立化了,于是他的力量可能就足以统治他们了。

我们可以说,这是一种机械原理,据此永无休止的权势欲被带入一种秩序。权势欲必须压下去。全能的统治者很少能做到这样,他们从来不长久。暴政,如亚里士多德早就说过的,是短命的。②权势欲也无法通过教育和规劝充分压缩。如孟德斯鸠所说,"……一切有权力的人都容易滥用权

---

① Hobbes, op. cit., Part I, Chapter 11.
② *Politics*, Book V, Chapter 12, 1315b13.

力,这是万古不易的一条经验。有权力的人们使用权力一直到遇有界限的地方才休止。说也奇怪,就是品德本身也是需要界限的!从事物的性质来说,要防止滥用权力,就必须以权力制约权力"。①

在以权力制约权力、相互对立的权力实现平衡的措施中,哪一个都无法压倒另一个。两者都在同一个情境中受到约束。在这一状态下,当可衡量的力量处于平衡时,两者都不能成为或有意愿成为决定性的力量,不可衡量的理性手段变得有效力了。

在武力冲突中法律无言(*inter armis silent leges*)。我们可以补充说,在武力停止时法律乃被执行。

像任何技术程序一样,以权力的平衡使权力中立化可用于善的、恶的和无关紧要的目的。有很多人会说政治人物总是声称的善的目的只不过是永无休止的权势欲的合理化而已。尼古拉斯·斯派克曼(Nicholas Spykman)说:"事情的真相是国家只对有利于自己的平衡感兴趣……所要的平衡是

---

① Montesquieu, op. cit., Book XI, Sec. 4. (此处译文见孟德斯鸠《论法的精神》上册,张雁深译,北京:商务印书馆,1995年,第154页。——译者)

把别的国家中立化，使本国不受约束地成为决定性力量和决定性声音。"①

但关于什么"事情"这是"真相"？那些特定的国家，我们还可加上特定的政党、派别和个体政治人物，感兴趣的是"有利于他们自己的平衡"。无疑它们确是如此。无疑它们有霍布斯式的权势欲。这是关于人的第一或堕落天性的真相。但它不是一个关于力量平衡的真相。它是一个力量平衡能被用来纠正此种状态的真相。

我们必须假定，权力的每一个竞争者将寻求赢得争斗——成为统治者，发出决定性声音。但仍然存在统治者——当他具有决定性声音时——在作决定时感兴趣的是什么这样的问题。他会否利用他在力量体系中已获得的地位以便扩张他自己的权力、扩大他自己的特权？或者，他的首要兴趣是否秩序本身——也就是说对国家，对全体国民，对整个共同体——对它的生存、和谐与发展？

作为一个权力的竞争者、诸对手中的一个，与作为意在

---

① N. Spykman, *American Strategy in World Politics* (1942), pp. 21 - 25.

调节所有对立秩序的守护者,二者之间有很大的不同。在前者,力量平衡的技巧是被用于攻击和防卫的工具;在后者,它被用于好社会中公共秩序的结构性原理。

第十一章 文明的保卫

1. 重申论题

我们现已考察了公共哲学以便检验其复兴的机会。我们进行这一努力的根据是关于西方世界状况的某些总体发现。

首先，自由制度和民主是由坚守公共哲学的人们设想和建立的。尽管这一哲学中有许多流派，但对它们来说有一些共同的根本原则：用西塞罗的话来说，"法律是市民社会的纽带"；所有人，包括治者和被治者，总是处在法律之下而不是法律之上；这些法律可经由理性讨论得到发展和修订，最高的法律是所有具有良善意志的理性人在充分知情时将会同意的那些。

在我们的研究中，我们从中往前推进的第二个发现是，现代民主国家已抛弃了我称为"公共哲学"的主要概念、原则、规则和总体思维方式。我认为自由民主不是一种明白易懂的政府形式，只有拥有自由民主赖以设想和立基的哲学，人们才能使之运作。因此，在这个强大的反革命的时代，自由民主的前景，即公共哲学，建立在它是否已过时，或它是否能复兴、再统一和更新。

我相信公共哲学是可以复兴的，我们已进行的探讨表明，当它被运用于人民主权、财产、言论自由和教育这些核心概念时，公共哲学澄清了这些问题，开辟了通往可接受的理性解决办法的道路。公共哲学的复兴有赖于它的原则和规则——它们在工业革命之前，在迅速的技术变革时代之前，在大众民主兴起之前，曾得到明确表达——有赖于这一古老哲学能否在现时代重新发生作用。如果做不到这点，那么自由和民主的国家就会面临极权主义的挑战，而不会有自由的人们所相信和珍惜的公共哲学。在官方不可知论、中立和冷漠之外就没有公共信念。如果这一斗争是在那些相信和非常关心的人和那些不相信和不大关心的人之间进行，它将如何终结是没有太大疑问的。

2. 公共哲学的传授

现在我们来到了把公共哲学传授给现代民主国家的问题。可以肯定地说，这一难题从一开始就非常明显。因为，如我们所看到的，公共哲学与雅各宾意识形态之间存在深刻的矛盾，后者事实上是大众民主的流行学说。公共哲学说的是以第二种、文明化的因而是获得的天性来统治我们的欲望与激情。故此公共哲学不会是受欢迎的，因为它旨在抵制和调节那些最流行的欲望和意见。公共哲学的理据是，依它建立的政权是严格的，理性和受制约政府的结果就将是好的。因而，正确但困难的决定当其作出时，不大可能是受欢迎的；错误和软性的决定当其变得频繁和重大时，将带来混乱，自由和民主将被摧毁。

如果我们问是否能传授给民主国家，回答必须从这样一个认知开始，即必须有一个可传授的学说。这个哲学必须被清晰阐释且与我们的现代焦虑有关。我们的探讨是就这第一需要进行的。

但在此之外存在一个难题,即现代人接纳这种哲学的能力和意愿。公共哲学的概念和原则存在于非物质实体界。它们无法为我们的感觉器官经验到,或甚至,严格地说,可视或明确地想象到。然而这些实质和抽象的概念,虽看不见摸不着,却将获得和拥有人们最高的忠诚。

提出传授的问题是因为在现代世界,比如今日,多数人——肯定不是所有人,而是多数积极和有影响的人——在实践中是实证主义者,他们认为唯一有现实的世界就是物理世界。只有看到的才可信;如果无法看到,或至少可能无法在某时某地被看到、听到、闻到或触摸到,就没有什么东西足够真实到应予认真看待,就没有什么能是深切关怀之事。

尤利西斯·恺撒是个真人,因为当他在世时,假如我们在罗马,能看到和真确感觉到他。根据相同的大众常识,社会相信狼人是真有其事。不是有个叫蒂耶本·佩姬的女人承认她是1603年7月18日在柯弗里区被看见的狼之一吗?[①]

[①] *The World's Great Folktales*, arranged and edited by James R. Foster (1953), p. 135.

从常识来说，真实是我们所相信有重量、质量、能量的东西。

……赫库芭（Hecuba）① 对他是什么，或他对赫库芭是什么以致他应为她哭泣？

如果像赫库芭一样，他们不是肉体和鲜血，那么理性秩序的观念和理想、法律和义务是什么呢？

常识是实证的和易信的，通常人们满足它的方式是当那些观念必须被看作真实时使之实质化。人赋予诸神以形体，他们已再现其祖先，他们使法律人格化，他们将其观念实体化。他们已用具体的话使得抽象和普遍明白易懂，真正关切的事务也是如此，途径是把它们与日常经验的现实相联系。

把不可衡量的真理传达为常识的困难不是个新问题。经过各个时代，不能被实质化的各种真理已被视为秘传的，只能传授给深入其中奥妙的少数人。《福音书》称有一些秘

---

① 赫库芭是希腊神话中一个国王的妻子。

密，基督只能给几人挑明。他说："有耳朵的人听，让他听。"① 但——

"无人的时候，跟随耶稣的人和十二个门徒问他这比喻的意思。耶稣对他们说：'上帝国度的奥秘，只叫你们知道，若是对外人讲，凡事就用比喻……'"②

圣马可说，只有私底下对他的门徒，他才解释了"凡事"；对于"众人"，他讲"照他们所能听的，若不用比喻，就不对他们讲"。

为什么？但丁说，因为天国的奥秘超出了人类理解力的范围——

对你的心智这样说是必要的，因为仅通过感官的对象，心智始了解日后对智力有价值的东西。因此，《圣经》俯就你的领悟能力，把手与足分派给上帝，而另有所指。③

---

① The Gospel According to St. Mark, IV: 9.
② Ibid., IV: 10 - 12.
③ *Divine Comedy*, translated by C. E. Norton (1941), *Paradise*, Canto IV, verses 40 - 45.

需要俯就我们的能力，因为如保罗·蒂里希（Paul Tillich）所说，"不管在现实世界或想象世界中，对于不能具体接触的事物不可能关心……一项事物愈是具体，愈可能对它关心。完全具体的对象，如个别的人，是最关心的对象——心爱的关心"。他说，一方面把上帝设想成超越特殊的和有限的一切，另一方面把上帝视为具体的形象，在二者之间——结果"对于上帝的观念有一种不可避免的内在紧张"。为了有一种常人的关心，需要有"存在对存在的关系……一位具体的上帝，一位人能在其宗教经验中接触的上帝"。①

蒂里希是一位神学家，考察上帝的涵义，他把上帝定义为"人最终关怀的名字"。他的发现阐明了我们正在研究的问题。人如何能有效地关心超越他们的个人经验而又不能在实在界被经验地证明的观念和理想呢？好社会的各项原则要求关注一种存在秩序——感觉器官无法证明其存在——在此

---

① Paul Tillich, *Systematic Theology* (1951), Vol. I, Part II, p. 211.

存在秩序中，个人是不可侵犯的，理性应调节意志，真理应盖过谬误。

因为难以关心什么是具体的，用蒂里希的话来说，存在"一个人类经验中的紧张"。为了变得关心并感到致力于超越性的对象，我们必须相信它们；要相信它们，它们必须是具体的，它们必须在事实上或想象中进入我们感觉器官的轨道。但当我们这样俯就我们的能力时，把手与足分派给上帝，信仰就与实体化相混，通常会有赖于实体化。由于这一依赖，信仰是易受攻击的。一点点知识，例如手与足是一个比喻，就可以摧毁信仰。

3. 宪政的具体化

西方社会早先的历史中，罗马的政治思想家们触及了这个观念，即公共哲学的概念——尤其是法律下的互惠权利和义务观念——通过把它们视为契约而使其变得具体。以这种方式，来自宪法秩序的自由就得到提倡、解释，给想象和西方人的良心以真实；建立预设，即文明化的社会，是建立在公共社会契约之上的。

契约是自愿达成的一份协议，交换物（quid pro quo），因而很可能得到遵守——无论如何，有权利得到执行。以自愿的方式，它得到各方的同意。其预设不仅是一方签署了另一方所建议的，而且在该词的最初涵义中，双方都同意了——它们已经共同考虑、感受和判断了一件事。[1] 作为一份契约，这协议估计将足够具体以将误解的争吵减小到最低限度。它会说明各方可能期待什么；什么是它们各自的权利和义务。在契约领域，它们的关系将得到调节，将会有统一标准以裁决它们之间的问题。

这些是一个宪法制度的必备特征。它可说是盛行的，只要每个人在办公室内外都受合法契约的约束。没有这个，也就是没有宪制政府，就没有自由。其反论是自由即受可以武断行动的人的支配。你不知道别人可能对你做什么；无权辩解，无法反对。当宪法秩序不存在时，专制和无政府状态就流行。二者都是无法律和专断的。的确，专制主义可定义为

---

[1] Cf. *Encyclopedia of Religion and Ethics*, Vol. IV, article "Consent".

无法无天统治者的无政府状态，无政府状态可定义为无法无天群众的专制主义。

一个文明化国家的第一原则是只有当它在契约之下时，权力才是合法的。然后正如我们所说，国家适当地被组织而成。这个原则具有如此限制性的意义，在西方世界，政府契约和社会契约的订立通常被视为标志着——历史地或象征性地——越过划分野蛮与文明的界线。

然而，事实上并没有许多实际文件。发展了西方宪法体系的公共人有少量真正签字、盖印和颁布的文本可作依据。基尔克（Gierke）说："在日耳曼各个君主领地的产业之间有一些实际的契约。"有一些著名的契约，如《大宪章》、《权利法案》和美国宪法。但真正的历史性契约很少，且它们并不是从需要得到节制的所有政治权力开始的。

没有，从来没有，的确也从来不可能有那种特定的契约：它们包括了好社会的不成文法律，包括了如莫尔顿勋爵（Lord Moulton）所称的淳良风俗，它包含"一个人所应加于自己的从义务到良好趣味的一切东西"。[①]给予这些不成文法律以权威，以某种方式赋予它们以具体性的现实，庶几是必要的。公共哲学家们以类比方式吸收了《罗马法》，它假定在某些情况下，一个协议已经达成，引起了一种义务，这些行为不带有任何快速的协约（*quasi ex contractu*）。

公共行为的不成文法律是契约性的，建基于同意之上，并在原初公约这一迷思中实体化了——这份公约是由最早的祖先达成的并对其后代具有约束力。这些迷思出现于不同时间和地点，有很多版本，通过实体化使虚无缥缈的观念变得可信，即文明是由各种相互理解组成的。《申命记》[2]中说，约柜[3]内藏两块石版，上帝亲手在石版上写下"十诫"。事实上，当《申命记》写成时，约柜和两块石版并不存在。但如果它们从未存在过，那《申命记》的作者们如何使以色列人信服他们必须服从十诫呢？如果他们告诉了以色列人说十诫是由摩西自己写成的，可以认为十诫反映了摩西关于最大多数以色列人的最大幸福的判断——这并不确定无疑，而

---

① Lord Moulton, "Law and Manners," in *Atlantic Monthly* (July 1924).
② 《申命记》见《圣经·旧约》，共34章，记述摩西的律法。——译者
③ 约柜（ark of the Covenant），《圣经》中古代犹太人存放上帝约法和诫命的圣柜。据《圣经·旧约·出埃及记》记载，摩西奉上帝之命造约柜，用皂荚木制成，内装两块刻有十诫的石版。——译者

只是可能——那么,他们的十诫能获得多大服从呢?如果十诫是由上帝而不是由另一个以色列人写成的,十诫就有更大的机会得到以色列人的服从。假如从前有两块石版被放入约柜之中,人们就更易相信上帝的确写了十诫。

现代的许多人拒绝了权力的契约基础的观念,因为事实上从未有过一份历史契约。比如边沁知道两块石版是没法发现的,他写道:"说政府起源于一份契约纯属虚构,或换言之是谎言……契约是从政府外的什么地方得来约束力的?"[1]

对此我们必须回答,虚构不一定是谎言。它可能是一个真理的工具。边沁所说约束契约的权力是从哪里来的?只有当政府是由共同体中的如下人士运作时,他们才会感到自己是被契约具有约束力这一信念所约束的。当立法者和法官以及执法者尊法时,法律就通行无阻;当他们不尊法时,契约法和人的权利之法——宪法、宪章、条约法——就是一封死亡书信。

---

[1] Jeremy Bentham, *Anarchical Fallacies; Being an Examination of the Declaration of Rights Issued During the French Revolution*, Art. II, Sentence 1.

布莱克斯通在论"英国人的法律权利"[①]这著名的一章中说，"个人的人身自由"部分地受到《人身自由法》的保护，该法规定"任何英国臣民都不应被长时间地拘押在监狱中"，除非法庭能证明他是被合法地监禁。"唯恐用要求不合理的保释金或保证金代替罪犯之出庭而逃避此法，故规定……不准要求过度的保释金。"

但《人身自由法》，它是保护个人人身自由的法律装置，如此做——显然很充分——只在它得到遵守和执行的时间和地点。这只有在这么一个国家才能奏效，即行政部门和议会、法官、狱吏和律师都感觉受到《人身自由法》原则的约束，好像是根据个人契约一般。否则，不管法律的用语如何，他可能永远不明白他为什么蹲监狱，而这可能发生在任何人头上，就像卡夫卡小说中的人一样。如果在布莱克斯通时的英国，《人身自由法》所宣布的权利和自由没有变得具体而实在，没有成为人们真正关心的事务，他就不可能这么肯定地说《人身自由法》防止了专断的拘禁。

[①] *Commentaries*, Book I, Chapter 1, 2.

4. 适应的语言

自从古希腊哲学家们开始感到需要使流行的荷马式宗教适应科学的进步，人们就困扰于如何使抽象和非物质的东西具体化和实在化。亚里士多德说，神学家就像哲学家一样，他们发表某些学说；与哲学家们不同的是，他们是以神秘的形式进行的。①

哲学家们所使用的适应方法是把神话中的实体化视作寓言：视作相同的知识翻译为另一种语言。② 例如，与罪恶谈话可意味着它字义上说了什么——与魔鬼面对面地交谈，是一个具体的实在化的个人。但它也可以意味着模仿邪恶本性而没有——如剑桥柏拉图派学者约翰·史密斯（John Smith）所写的——"一个相互的实际存在感"，③ 也就是说并未遇见魔鬼本人。这适应那些相信邪恶而不相信个人化的魔鬼的

---

① Werner Jaeger, *The Theology of the Early Greek Philosophers* (The Gifford Lectures 1936), p. 10. Cf. Aristotle, *Mataphysics*, Bk. III, Chapter 4, 1000a 4 – 18.
② Cf. Basil Willey, *The Seventeenth Century Background* (1952), Chapter 4.
③ Cf. Basil Willey, *The Seventeenth Century Background* (1952), p. 138 *et seq.*

人们。魔鬼可指"某种特定存在的叛逆妖精",也可指"存在于所有人天性中的叛逆精神"。这是一种多元解释方法,它运用了"适应的语言"。如约翰·史密斯在其题为"一个基督徒的冲突和征服"的文中所说,它被证明为正当与合法,因为"真理是甘愿的,当真理入世,穿上我们的外套,学习我们的语言,使自己似乎与我们的衣着和时装一致时,真理是心甘情愿的……由于真理的每一宠儿须为所有人的利益打算,它用最白痴的方式,对最白痴的人说话,从而成为了所有人的一切"。①

5. 适应的限度

但存在各种限度,在此之外我们无法使用久被尊敬的适应多元信仰的方法。正如由我们这个时代教会宗派的复杂和尖锐所知,我们已经超越了适应的限度。我们也知道,当各种分裂变大和更为不可调和时,就产生了宽容的普遍原则所

---

① Ibid., p. 146.

无法应对的各种忠诚问题。

　　这是因为，只有基于不存在对共同体致命威胁的假定，容忍差异才是可能的。因此，容忍不是一个对付多元看法和信仰的充分原则。它本身有赖于适应这一积极原则。这一原则要求在各种差异下作出努力、发现一致。

　　在研究如何实现适应时，我们可这样开始，即注意到是哲学家们运用亚里士多德的宽泛术语，提出和促进了多元的解释。他们建议了这些条件，使无形信仰适应基要主义者(fundamentalist)具体的和实在化的想象。故此，剑桥柏拉图派学者约翰·史密斯首创"魔鬼"一说。约翰·史密斯并不是在说相信个人化魔鬼的基要主义者；事实上他所说的整个事情完全不是要扰烦基要主义者。他在谈的是那些无法相信个人化的魔鬼但仍实质上与基要主义者有思想感情交流的人。因为他们确实相信魔鬼的精神，正如每个人都知道的，它在我们所有人当中。在这一适应中，基督教柏拉图派学者放弃了试图相信他们无法相信的东西。他们接着相信了实质上他们的基要主义邻人所相信的东西，因而他们得以与其继续生活在同一共同体中。

关于适应是如何可能地把这些困难的真相传达给一个大的异质社会，有一个令人印象深刻的历史实例。在中世纪的天主教世界，一个很大的适应主题是公共哲学本身和理性秩序的自然法起源和约束力。奥托·冯·基尔克说，尽管法学家、神学家和哲学家们有无数高深的争论，"他们都同意存在自然法。一方面，它是由超越世俗权力的原则中产生的，另一方面它是真正和完全约束性的法律……世间的最高权力要服从自然法的规则。它们高于教皇也高于德国皇帝，高于统治者也高于主权的人民，而且，在整个凡人共同体之上。无论是法令还是政府行为，无论是人的决心还是习俗，都不能打破因此所确定的约束。任何与自然法的原则矛盾的东西，都是完全空洞的，约束不了任何人"。①

然而尽管对此意见一致，就自然法是否上帝的指令，抑或它们是否基于上帝之存在的永恒理性的命令，甚至上帝自己都无法改变，仍存在深刻的争论。人们如何想象自

---

① Otto von Gieke, *Political Theories of the Middle Age*, translated with an introduction by Frederick William Maitland (Cambridge University Press, 1927). Cf. pp. 73 - 87 and more especially Note 256.

然法，如何把位于教皇、德国皇帝和所有凡人之上的自然法实在化和具体化？作为无所不知无所不能的天国国王的法令？或是作为事物本质的原则？有一些人无法想象必须得到服从的有约束力的法律，除非有一个按照他们所看到或听到的人类法律给予者的形象所造成的法律给予者。还有其他的人，就其能力而言没有必要俯就那么多的物质化。

不过，关键要点不是自然主义者（naturalist）和超自然主义者（supernaturalist）意见不合，而是他们确实同意存在有效的法律，不管它是上帝的诫条还是事物的理性，它是超越性的。他们同意它是一些人所决定，然后由其宣布的。它不是某人的空想、某人的偏见、某人的希望或合理化，它不是一种心理经历而别无其他。它客观地而不是主观地在那里。它是可发现的。它必须得到服从。

6. 上帝之死

那么，只要哲学家和神学家都相信客观秩序，关于实体化的程度和本质就可以有适应之法。人们理解能力的范围和种类甚大。俯就他们不同能力的范围和种类也必定甚大。因此，如果我们不把实体化——它是传达信仰的方式——与信仰这一主题相混淆，我们就能避免很多误解。因为直到我们在比较人为的信仰或不信仰问题上走下去，我们才发现信仰和不信仰的大问题。

当马丁·布伯（Martin Buber）谈论"由人类造就的上帝伟大形象"[①]时，认识到可有许多形象，或确实没法有对于我们的感觉来说具体的形象。

关键的问题不在于开启人相信或不相信一种形象。它开启的是他们是否相信一个人有能力"完全独立于他自己而经验一个现实"。当萨特继尼采之后说"上帝死了"时，关键要点不是他拒绝相信一个被描绘为具有人形的上帝的存在，不管这相信如何稀薄。可以有，而且确实有，没有任何上帝具体形象的重大信仰和深刻宗教。处于"上帝之死"的比喻之下的是激烈的不信仰。萨特的说法是，"如果我抛弃了圣

---

① Martin Buber, *Eclipse of God* (1952), p. 22.

父上帝，就需要有某人发明价值观……生命没有先验的意义……事情在于你给它一个意义，价值不是别的任何东西而是你选择的意义"。①

萨特以此不光是抛弃了圣父上帝，而且抛弃了在我们私人世界之外存在一个我们所属的公共世界这一认识。如果好的、正确的、真实的东西只是个人"选择"去"发明"的东西，那么我们就处于文明的传统之外了。我们就回到了一切人反对一切人的战争中。没有在芸芸众生中留下适应的基础；在这一无政府的宣布中也没有了发现一种适应的意志。

我们可以问，为什么这些现代哲学家没有像他们的先辈那样去关怀和发现一种适应？这不仅是因为他们自己不再相信这些比喻——相信神圣的形象。他们不再相信在比喻和神圣形象的背后有任何一种独立的现实是可知的和必须被认识的。

因此他们拒绝"'真理'作为有赖于大致外在于人类控制的事实之概念"，如伯特兰·罗素（Bertrand Russell）所

---

① Jean Paul Sartre, *Existentialism*, translated by Bernard Frechtman (1947), p 58. See also Martin Buber, op. cit., p. 93.

说，真理的这种概念"成为了一种人生之道，哲学迄今仍把谦让的必要原理注入其中。当这种加诸骄傲的限制被除去后，在通往某种疯狂的道路上又迈进了一步——自费希特（Fichte）开始，对权力的醉心侵入了哲学领域……现代人，不管是不是哲学家，皆倾向于这种对权力的醉心。我相信这种醉心是我们这时代最大的危险，任何哲学不论是如何的无意，凡是助长这种醉心的，便是促进了巨大社会灾难的危险"。[①]

7. 天命

那么最终的问题是我们如何看自己和我们的自我之外的公共世界。这多半有赖于哲学家们。因为尽管他们不是国王，但我们可以说他们是教师们的教师。弗朗西斯·威尔逊（Francis G. Wilson）说："在西方政府史上，社会转型的标志是知识分子性格的变化。"他们作为律师、顾问、行政人

[①] Bertrand Russell, *History of Western Philosophy* (1945), p. 828.

员而服务于政府，他们是学校中的教师，他们是如医疗和神学等专业领域的成员。正是通过他们，学说才在实际事务中运作。他们的学说，是他们自己在中小学和大学中习得的，这些学说将具有流行学说给予它们的形状、参考和方向。

这就是哲学和神学如何及为何是我们所从事的最终和决定性的研究。在它们当中，在时代的艺术和科学中行动的人的形象，其主要特征得到界定。无疑，哲学家的作用创造性甚小。但这种作用是关键的，他们具有一种决定性的影响来决定什么可以信仰、如何信仰、什么不能信仰。你可以说，哲学家站在十字路口上。他们也许不能使交通动起来，但他们可使之停止和开始，他们可以一种或另一种方式给它方向。

尽管我希望如此，但我并不争辩说如果我们中小学和大学中的教师们回到公共哲学的伟大传统上，西方社会的衰落就将被制止。但我确实争辩说，如果当行的哲学家们反对这一维新和复兴，如果他们非难而非支持一种秩序的有效性，这种秩序高于萨特告诉所有人去"发明"的价值观，已经大进的衰落就不能得到制止。

当行的哲学家们关于宗教所说的,其本身不是如蒂里希所说作为祭拜和爱的最终关怀的宗教。但如果哲学家们教导说,宗教经验是一个纯粹心理现象,与每个人的心理状态之外的任何东西无关,那么它们将给予受过教育的人们一种糟糕的知识分子良心,如果他们有宗教经验的话。哲学家们无法给他们宗教,但他们能使之远离它。

哲学家们在与好社会各项原则的关系中扮演同样的角色。如我们已经看到的,它们要求由后天获得的理性的第二天性来掌控人的第一天性。从字面意义上说,好社会的各项原则必定是不受欢迎的,须等到它们已充分流行至改变了大众的冲动,因为大众的冲动是与公共原则对立的。如果这些原则信誉尽失——如果它们被贬为迷信、蒙昧主义,被认为是毫无意义的形而上学、是反动的、是自我寻求合理化,那么就无法使之流行起来。

公共哲学在现代人中间,在思想方面很大程度上已声誉扫地。因为如此,在公共辩论中我们可称为论说语言(terms of discourse)的东西极不利于坚守公共哲学的任何人。合法性、正确性和真理的标示与印记已被拒绝宪政民主的人接管了，甚至当他们不是宪政民主公开宣称的敌人时。

如果人民统治下的西方的衰落要得到阻止，就有必要改变这些论说语言。当前它们确立的是压倒性地针对可信性和针对正确的宪政国家原则的；它们被确立为有利于雅各宾派被解放的主权人民。①

我已满怀希望地论述了改变论说语言或许是可能的，如果能令人信服地表明好社会的各项原则不是——用萨特的话来说——被发明和选择的；若一个好社会必须满足的条件已具备，在我们的希望之外，这些条件是可以经由理性探索发现，经由理性讨论得到发展、适应和提炼的。

如果这一点最终成功地得到表明，我相信，它将重新武装那些关心我们社会反常状态的人们；这种反常状态包括递进的野蛮化以及跌入暴力和暴政。在道德印象主义的泥潭中，他们将重新站立在坚实的思想基础上，有重要的目标。那些目标是既定的，并非仅仅是设计的；那些目标是强制性的，并非仅仅是所盼望的。他们的希望将得到重建，即在无

---

① Cf. Chapter 7.

数相互矛盾和竞争的私人世界之上有一个最高的公共世界。没有这一确定性,他们的斗争必定是徒劳的。

作为文明的保卫者,没有合法性、正确性和真理的标示与印记,他们将一无所成。原因在于,有经验的人们熟知的一条实践规则,即我们行动的能力和我们正在采取的行动是正确的这一信念之间的关系是紧密的。当然,这并不意味着行动就一定是正确的。持续的行动所必要的是它应被相信是正确的。没有这一信念,大多数人将没有能量和意志在行动中坚持。因此偏爱如此邪恶的撒旦主义(satanism)存在于一些人中间,也许在许多人中间潜存着。然而,除非在最深刻的歇斯底里状态中,正如在私刑处死中一样,否则无法向大多数人鼓吹撒旦主义。就连希特勒,尽管是极为撒旦式的和醉心于恶魔式的邪恶代表,看起来也还需要得到保证:他不仅是一个伟大人物,而且(以一种神秘的方式)是一个正义的人。

威廉·詹宁斯·布赖恩(William Jennings Bryan)[①] 曾

[①] 威廉·詹宁斯·布赖恩(1860—1925),美国政治家,曾三度成为民主党总统提名人,1913—1915年任美国国务卿。——译者

经说，被覆盖上公正（righteousness）的装甲将使所有土地上最卑微的公民比所有错误的主人更强大。[1] 这并不太对。但最卑微的公民不比错误的主人强大的原因是后者也穿上了甲胄，他们相信是正义的甲胄。如果他们没有被赋予正义的甲胄，事实上他们将完全不是一个主人。原因在于，诚如我们所看到的，当它们要求合法性，当它们具有把人们的良心联结在一起的正确旗号时，政治理念获得了人类事务中运作性的力量，然后他们拥有了如孔子学说所言的"天命"。

在西方社会的危机中，现在的问题在于天命。

---

[1] Speech at Democratic National Convention (Chicago, 1896).

Walter Lippmann
The Public Philosophy
Simplified Chinese Copyright © 2019 Shanghai Translation Publishing House

This edition is an authorized translation from the English language edition published by Transaction Publishers,
10 Corporate Place South, Suite 102, Piscataway, New Jersey 08854.
All rights reserved

图字:09-2018-694号

图书在版编目(CIP)数据

公共哲学/(美)沃尔特·李普曼(Walter Lippmann)著;任晓译.—上海:上海译文出版社,2020.5
(译文经典)
书名原文:The Public Philosophy
ISBN 978-7-5327-8293-2

Ⅰ.①公… Ⅱ.①沃…②任… Ⅲ.①社会哲学—研究—西方国家—现代 Ⅳ.①B505

中国版本图书馆 CIP 数据核字(2020)第136799号

公共哲学
[美]沃尔特·李普曼 著 任晓 译
责任编辑/范炜炜 装帧设计/张志全工作室

上海译文出版社有限公司出版、发行
网址:www.yiwen.com.cn
200001 上海福建中路193号
杭州宏雅印刷有限公司印刷

开本 787×1092 1/32 印张 6.75 插页 5 字数 84,000
2020年9月第1版 2020年9月第1次印刷
印数:0,001—7,000册

ISBN 978-7-5327-8293-2/B·481
定价:38.00元

本书中文简体字专有出版权归本社独家所有,非经本社同意不得转载、摘编或复制
如有质量问题,请与承印厂质量科联系。T:0571-88855633

"译文经典"（精装系列）

瓦尔登湖	[美] 梭罗 著　潘庆舲 译
老人与海	[美] 海明威 著　吴劳 译
情人	[法] 玛格丽特·杜拉斯 著　王道乾 译
香水	[德] 聚斯金德 著　李清华 译
死于威尼斯	[德] 托马斯·曼 著　钱鸿嘉 译
爱的教育	[意] 亚米契斯 著　储蕾 译
金蔷薇	[俄] 帕乌斯托夫斯基 著　戴骢 译
动物农场	[英] 乔治·奥威尔 著　荣如德 译
一九八四	[英] 乔治·奥威尔 著　董乐山 译
快乐王子	[英] 王尔德 著　巴金 译
都柏林人	[爱] 乔伊斯 著　王逢振 译
月亮和六便士	[英] 毛姆 著　傅惟慈 译
蝇王	[英] 戈尔丁 著　龚志成 译
了不起的盖茨比	[美] 菲茨杰拉德 著　巫宁坤 等译
罗生门	[日] 芥川龙之介 著　林少华 译
厨房	[日] 吉本芭娜娜 著　李萍 译
看得见风景的房间	[英] E·M·福斯特 著　巫漪云 译
爱的艺术	[美] 弗洛姆 著　李健鸣 译
荒原狼	[德] 赫尔曼·黑塞 著　赵登荣 倪诚恩 译
茵梦湖	[德] 施托姆 著　施种 等译
局外人	[法] 加缪 著　柳鸣九 译
磨坊文札	[法] 都德 著　柳鸣九 译
遗产	[美] 菲利普·罗斯 著　彭伦 译
苏格拉底之死	[古希腊] 柏拉图 著　谢善元 译
自我与本我	[奥] 弗洛伊德 著　林尘 等译
"水仙号"的黑水手	[英] 约瑟夫·康拉德 著　袁家骅 译
变形的陶醉	[奥] 斯台芬·茨威格 著　赵蓉恒 译
马尔特手记	[奥] 里尔克 著　曹元勇 译
棉被	[日] 田山花袋 著　周阅 译
69	[日] 村上龙 著　董方 译
田园交响曲	[法] 纪德 著　李玉民 译
彩画集	[法] 兰波 著　王道乾 译
爱情故事	[美] 埃里奇·西格尔 著　舒心 鄂以迪 译
奥利弗的故事	[美] 埃里奇·西格尔 著　舒心 译
哲学的慰藉	[英] 阿兰·德波顿 著　资中筠 译
捕鼠器	[英] 阿加莎·克里斯蒂 著　黄昱宁 译
权力与荣耀	[英] 格雷厄姆·格林 著　傅惟慈 译
十一种孤独	[美] 理查德·耶茨 著　陈新宇 译

浪子回家集	[法] 纪德 著 卞之琳 译
爱欲与文明	[美] 赫伯特·马尔库塞 著 黄勇 薛民 译
存在主义是一种人道主义	[法] 让-保罗·萨特 著 周煦良 汤永宽 译
海浪	[英] 弗吉尼亚·伍尔夫 著 曹元勇 译
尼克·亚当斯故事集	[美] 海明威 著 陈良廷 等译
垮掉的一代	[美] 杰克·凯鲁亚克 著 金绍禹 译
情人的礼物	[印度] 泰戈尔 著 吴岩 译
旅行的艺术	[英] 阿兰·德波顿 著 南治国 彭俊豪 何世原 译
格拉斯医生	[瑞典] 雅尔玛尔·瑟德尔贝里 著 王晔 译
非理性的人	[美] 威廉·巴雷特 著 段德智 译
论摄影	[美] 苏珊·桑塔格 著 黄灿然 译
白夜	[俄] 陀思妥耶夫斯基 著 荣如德 译
生存哲学	[德] 卡尔·雅斯贝斯 著 王玖兴 译
时代的精神状况	[德] 卡尔·雅斯贝斯 著 王德峰 译
伊甸园	[美] 海明威 著 吴劳 译
人论	[德] 恩斯特·卡西尔 著 甘阳 译
空间的诗学	[法] 加斯东·巴什拉 著 张逸婧 译
爵士时代的故事	[美] F·S·菲茨杰拉德 著 裘因 萧甘 等译
瘟疫年纪事	[英] 丹尼尔·笛福 著 许志强 译
想象	[法] 让-保罗·萨特 著 杜小真 译
论自愿为奴	[法] 艾蒂安·德·拉·波埃西 著 潘培庆 译
人间失格·斜阳	[日] 太宰治 著 竺家荣 译
在西方目光下	[英] 约瑟夫·康拉德 著 赵挺 译
辛德勒名单	[澳] 基尼利 著 冯涛 译
论精神	[法] 雅克·德里达 著 朱刚 译
宽容	[美] 房龙 著 朱振武 付远山 黄珊 译
爱情笔记	[英] 阿兰·德波顿 著 孟丽 译
德国黑啤与百慕大洋葱	[美] 约翰·契弗 著 郭国良 陈睿文 译
常识	[美] 托马斯·潘恩 著 蒋漫 译
欲望号街车	[美] 田纳西·威廉斯 著 冯涛 译
佛罗伦萨之夜	[德] 海涅 著 赵蓉恒 译
时情化忆	[法] 米歇尔·布托 著 冯寿农 译
理想国	[古希腊] 柏拉图 著 谢善元 译
逆流	[法] 于斯曼 著 余中先 译
权力意志与永恒轮回	[德] 尼采 著 [德] 沃尔法 特编 虞龙发 译
人各有异	[美] E·B·怀特 著 贾辉丰 译
三十七度二	[法] 菲利普·迪昂 著 胥弋 译
精神疾病与心理学	[法] 米歇尔·福柯 著 王杨 译
纯真年代	[美] 伊迪丝·华顿 著 吴其尧 译

我们	[俄] 叶甫盖尼·扎米亚京 著 陈超 译
亚当夏娃日记	[美] 马克·吐温 著 周小进 译
为奴十二年	[美] 所罗门·诺萨普 著 蒋漫 译
美丽新世界	[英] 马克·奥尔德斯·赫胥黎 著 陈超 译
斯万的一次爱情	[法] 普鲁斯特 著 沈志明 译
怪谈·奇谭	[日] 小泉八云 著 匡匡 译
名人传	[法] 罗曼·罗兰 著 傅雷 译
西西弗神话	[法] 阿尔贝·加缪 著 沈志明 译
大师和玛格丽特	[俄] 米·布尔加科夫 著 高惠群 译
人的权利	[美] 托马斯·潘恩 著 乐国斌 译
螺丝在拧紧	[美] 亨利·詹姆斯 著 黄昱宁 译
古代哲学的智慧	[法] 皮埃尔·阿多 著 张宪 译
柏林，亚历山大广场	[德] 阿尔弗雷德·德布林 著 罗炜 译
心灵、自我与社会	[美] 乔治·H. 米德 著 赵月瑟 译
生活的意义与价值	[德] 鲁道夫·奥伊肯 著 赵月瑟 译
身份的焦虑	[英] 阿兰·德波顿 著 陈广兴 南治国 译
反抗者	[法] 加缪 著 沈志明 译
沉思录	[古罗马] 马可·奥勒留 著 唐江 译
新教伦理与资本主义精神	[德] 马克斯·韦伯 著 袁志英 译
天才雷普利	[美] 帕特里夏·海史密斯 著 赵挺 译
小说面面观	[英] E·M·福斯特 著 冯涛 译
伤心咖啡馆之歌	[美] 卡森·麦卡勒斯 著 卢肖慧 译
走出非洲	[丹麦] 伊萨克·迪内森 著 刘国枝 译
骑兵军	[苏联] 伊萨克·巴别尔 著 张 冰 译
有闲阶级论	[美] 索尔斯坦·凡勃伦 著 凌复华 彭靖珞 译
乌合之众	[法] 古斯塔夫·勒 庞 著 陆泉枝 译
陌路人	[法] 加缪 著 沈志明 译
萨宁	[俄] 阿尔志跋绥夫 著 刘文飞 译
莎乐美	[英] 奥斯卡·王尔德 著 吴刚 中译 阿尔弗雷德·道格拉斯勋爵 英译
漫长的告别	[美] 雷蒙德·钱德勒 著 宋金 译
宫廷社会	[德] 诺贝特·埃利亚斯 著 林荣远 译
米佳的爱情	[俄] 蒲宁 著 冯玉律 冯春 译
当代英雄	[俄] 莱蒙托夫 著 冯春 译
达芬奇与白日梦	[美] 西格蒙德·弗洛伊德 著 张唤民 陈伟奇 译
人文主义地理学	[美] 段义孚 著 宋秀葵 陈金凤 张盼盼 译

哈姆雷特	[英]莎士比亚 著	方平 译
罗密欧与朱丽叶	[英]莎士比亚 著	方平 译
太阳照常升起	[美]海明威 著	赵静男 译
土星照命	[美]苏珊·桑塔格 著	姚君伟 译
长日将尽	[英]石黑一雄 著	冯涛 译
包法利夫人	[法]福楼拜 著	李健吾 译
流动的盛宴	[美]海明威 著	汤永宽 译
疾病的隐喻	[美]苏珊·桑塔格 著	程巍 译
阴界与阳界	[法]加缪 著	沈志明 译
玉米人	[危]阿斯图里亚斯 著	刘习良 笋季英 译
乞力马扎罗的雪	[美]海明威 著	汤永宽 鹿金 等译
不祥的蛋·狗心	[苏联]布尔加科夫 著	白桦熊 译
公共哲学	[美]沃尔特·李普曼 著	任晓 译